Beigel/Klopsch/Sliwka

Deeper Learning gestalten

AF704766

E-Book inside

Das E-Book steht als Open Access-Ausgabe kostenfrei auf unserer Homepage www.beltz.de zur Verfügung.

Janina Beigel/Britta Klopsch/Anne Sliwka

Deeper Learning gestalten

Ein Workbook für Lehrkräfte

Mit E-Book inside

BELTZ

Janina Beigel ist wissenschaftliche Mitarbeiterin an der Universität Heidelberg und Mitbegründerin der Deeper Learning Initiative. Sie forscht und lehrt im Bereich der Pädagogik des Deeper Learning und befasst sich insbesondere mit Voice & Choice, Lerndesign und Ko-Kreation.

Dr. Britta Klopsch ist Professorin für Schulpädagogik am Karlsruher Institut für Technologie (KIT). Ihre Forschungsschwerpunkte sind die kooperative Professionalität von Lehrkräften, die ko-konstruktive Unterrichtsentwicklung sowie die Gestaltung von Unterricht im Sinne des Deeper Learnings.

Dr. Anne Sliwka ist Professorin für Schulpädagogik an der Universität Heidelberg. Sie forscht über Schulentwicklung und Lehrerprofessionalität in international vergleichender Perspektive.

MIX
Papier | Fördert gute Waldnutzung
FSC® C089473

Dieses Buch ist erhältlich als:
ISBN 978-3-407-63307-1 Print
ISBN 978-3-407-63308-8 E-Book (PDF)

Werderstraße 10, 69469 Weinheim
service@beltz.de

Herstellung: Michael Matl
Satz: Christina Al Khalil
Umschlagabbildung: gettyimages © nd3000
Druck und Bindung: Beltz Grafische Betriebe, Bad Langensalza
Beltz Grafische Betriebe ist ein Unternehmen mit finanziellem Klimabeitrag (ID 15985-2104-1001).
Printed in Germany

Weitere Informationen zu unseren Autor:innen und Titeln finden Sie unter: www.beltz.de

Inhalt

Vorwort

‚Schule muss sich grundlegend verändern!' Diese Forderung hört und liest man heute allenthalben. Doch wie kann solch ein Change-Prozess gelingen in einem System, das seit jeher gewaltigen Beharrungskräften unterliegt? Wir als Deutsche Telekom Stiftung sind überzeugt: Es geht nur über die handelnden Personen, sprich: über die Schulleitungen und die Lehrkräfte. Ihnen gilt es zu verdeutlichen, dass ein Beibehalten des Status quo uns auf direktem Wege in den Bildungsnotstand führen wird. Das mag düster klingen, doch die schwachen Ergebnisse unserer Schülerinnen und Schüler bei den jüngsten Kompetenzvergleichen sprechen eine deutliche Sprache. Deshalb noch einmal in aller Klarheit: Nur durch echten Wandel wird es Schule gelingen, den großen Herausforderungen unserer Zeit gerecht zu werden und junge Menschen bestmöglich auf eine ungewisse Zukunft vorzubereiten.

Sie, liebe Leserinnen und Leser, wähnen wir bei diesem Anliegen bereits als unsere Verbündeten. Andernfalls hätten Sie das vorliegende Buch wohl kaum aufgeschlagen. Sie wissen, dass es im Zeitalter von digitalen Medien und künstlicher Intelligenz eine andere Art von Unterricht braucht. Und Sie probieren an Ihrer Schule schon vieles aus, um bei Ihren Schülerinnen und Schülern wieder mehr Freude am Lernen, ja, im besten Falle echte Begeisterung für den Stoff zu wecken. Dabei sind Sie sich der Tatsache bewusst, dass auch Ihre Rolle als Lehrkraft künftig eine andere sein muss als bisher.

Insofern sind Sie bestens gerüstet für Deeper Learning. Der pädagogische Ansatz stammt ursprünglich aus den Vereinigten Staaten und hat sich dort, wie auch in anderen angelsächsischen Ländern, bereits stark verbreitet. Hierzulande ist das Unterrichtsmodell hingegen noch weitgehend unbekannt. Dabei berührt es sämtliche Punkte, die ich gerade aufgeworfen habe – und viele weitere:

So zielt Deeper Learning nicht allein darauf ab, Schülern fachliches Wissen zu vermitteln, sondern soll auch ihre Handlungskompetenzen stärken, die für das gesellschaftliche Miteinander und das Arbeitsleben der Zukunft immer wichtiger werden. Dazu zählen etwa die Fähigkeit, im Team zu arbeiten, kreative Lösungen zu entwickeln und kritisch zu denken. Ferner etabliert der Ansatz eine zeitgemäße Prüfungskultur: Statt durch eine Klausur sollen die Kinder und Jugendlichen ihren Lernzuwachs am Ende des Halbjahres auf andere, authentischere Art nachweisen, zum Beispiel durch ein selbst modelliertes Produkt aus dem 3-D-Drucker oder in Form einer Theateraufführung. Gerade angesichts immer leistungsfähigerer KI-Tools wie ChatGPT, die Schülerinnen und Schüler schon heute beim Lösen von Standardaufgaben und Verfassen von Texten unterstützen, benötigen wir solche alternativen Prüfungsformate aus meiner Sicht dringend. Und Deeper Learning bietet hierfür gute Ansatzpunkte.

Auch die Rolle der Lehrkraft wandelt sich durch Deeper Learning – sie wird von der reinen Wissensvermittlerin zur Lernbegleiterin, die ihre Schüler mit Impulsen aktiviert, den anschließenden Arbeitsprozess dann im Hintergrund mit diagnostischem Blick begleitet und unterstützend eingreift, wenn die Schüler auf eigene Faust nicht weiterkommen. Last but not least fördert der Ansatz das transdisziplinäre Arbeiten und bezieht dabei auch außerschulische Lernorte wie etwa Bibliotheken, Maker-Spaces oder Schülerforschungszentren mit ein – Schule wird zum Zentrum eines Bildungs-Ökosystems.

Das vorliegende Arbeitsbuch dient dem Zweck, Deeper Learning in Deutschland bekannter zu machen. Es soll Schulleitungen ermutigen, das Konzept an ihrer Schule einzuführen, und Lehrkräften konkrete Inspiration und Hilfestellung geben, wie sie es in ihrem Unterricht zur Anwendung bringen können. Großer Dank gebührt an dieser Stelle den drei Autorinnen: Professorin Anne Sliwka und Janina Beigel von der Universität Heidelberg sowie Professorin Britta Klopsch vom Karlsruher Institut für Technologie.

Hervorzuheben ist hier insbesondere Anne Sliwka, die Deeper Learning im Rahmen ihrer Forschungstätigkeit im Ausland kennengelernt hat und mit Fug und Recht als die Wegbereiterin des Ansatzes in Deutschland bezeichnet werden darf. Für die Telekom-Stiftung begleitet die Bildungswissenschaftlerin derzeit übrigens auch das Deeper Learning-Innovationsnetzwerk – ein Verbund aus 15 Schulen bundesweit, die gemeinsam Unterrichtssequenzen für den naturwissenschaftlichen Schulunterricht entwickeln und erproben. Auf die Arbeitsergebnisse darf man gespannt sein. Ich würde mich sehr freuen, wenn sie – ebenso wie dieses Buch – zur weiteren Bekanntmachung von Deeper Learning hierzulande beitrügen.

In diesem Sinne wünsche ich allen Leserinnen und Lesern eine anregende Lektüre.

Dr. Ekkehard Winter
Geschäftsführer Deutsche Telekom Stiftung

Seit der Jahrtausendwende kommt international etwas in Bewegung: Immer mehr Schulen lassen die Zeit hinter sich, in der Lernende passiv in Reihen hintereinander sitzen, Lehrkräfte isoliert nebeneinander arbeiten, Zeit und Raum einem Korsett starrer Regeln unterliegen und sich Feedback auf eine wenig aussagekräftige Ziffernnote am Ende einer thematischen Einheit beschränkt. In dieser starren „Grammatik der Schule" scheint noch immer die Logik des 19. Jahrhunderts auf, dabei leben wir im 21. Jahrhundert. Längst hat sich die Welt in so vieler Hinsicht geändert. Aus dem, was ich weltweit an unterschiedlichen innovativen Schulen gesehen habe, in Ländern von Singapur bis Finnland, hat sich ein neues Bild von Schule, von Unterricht zusammengefügt.

Mit diesem Verständnis von Deeper Learning haben wir 2018 in Heidelberg die Deeper-Learning-Initiative ins Leben gerufen. Gemeinsam mit meiner Kollegin Britta Klopsch habe ich unser Konzept von Deeper Learning im Buch „Deeper Learning in der Schule – Pädagogik des Digitalen Zeitalters" (2022) dargestellt und begründet. Auf diesem Fachbuch basiert das Workbook, das Sie jetzt in Händen halten.

Ich danke der Telekom-Stiftung, insbesondere Herrn Dr. Ekkehard Winter, für Weitsicht und die großzügige Unterstützung unserer Arbeit, Janina Beigel für die überzeugende Gestaltung des Workbook-Materials, Christina Al Khalil für die graphische Umsetzung und Britta Klopsch für unsere langjährige fruchtbare Kooperation.

Heidelberg, im Frühjahr 2023
Anne Sliwka

Wegweiser zur Orientierung

Willkommen an Bord,

Herzlich Willkommen

schön, dass Sie Lust haben, tiefer ins Thema Deeper Learning einzutauchen. Dieses Workbook ist als Prozessbegleiter für die Umsetzung von Deeper Learning-Einheiten gestaltet. Kurz und anschaulich beschrieben finden Sie hier die wesentlichen Konzepte der Deeper Learning-Pädagogik, sowie zahlreiche sofort nutzbare Materialien, Werkzeuge und Ideen. Diese helfen Ihnen bei der Entwicklung bedeutsamer, herausfordernder und tiefgreifender Lernerfahrungen und lassen die Pädagogik des Deeper Learning in Ihrem Klassenzimmer lebendig werden.

Designziele

Alle Inhalte sind an folgenden Gestaltungsleitfragen ausgerichtet:

- Unterstützen sie das Verständnis von Deeper Learning?
- Sind die Materialien, Werkzeuge und Ideen praktisch und praxiserprobt?
- Unterstützen und motivieren sie beim Ausprobieren in der eigenen Unterrichtspraxis?
- Sind sie klar und ansprechend gestaltet?

Dementsprechend folgen nun kompakte Erklärungen, die Ihnen ein Gerüst bieten, an dem Sie sich entlanghangeln können, wenn Sie selbst Deeper Learning-Einheiten designen möchten.

Wegweiser

Auf dieser Expedition möchten wir Ihnen grafische Wegweiser zur Veranschaulichung und Orientierung mit an die Hand geben.

Lesezeichen

Hier finden Sie den ersten Wegweiser zum Ausschneiden. Richtig gelesen. Diese Darstellung des Deeper Learning-Phasenmodells ist als Lesezeichen gedacht. Schneiden Sie dazu entlang der gestrichelten Linie und falten Sie die Tabelle anschließend entlang der Kanten, sodass eine Ziehharmonika entsteht.

Mit diesem Lesezeichen haben Sie das Herzstück der Deeper Learning-Pädagogik – das Phasenmodell – immer griffbereit und können das Gelesene sofort einordnen. Auf der Rückseite finden Sie zentrale Elemente, die beim Deeper Learning eine Rolle spielen, knapp definiert. Sollten Sie einen Begriff also noch nie gehört haben, können Sie im Glossar, sowie auf der Lesezeichenrückseite ‚nachschlagen'.

ausschneiden | ← hier knicken | ← hier knicken | ← hier knicken | ← hier knicken

Phase	(Co-)Design durch Lehrkräfte	Instruktion und Aneignung	Ko-Konstruktion und Ko-Kreation	Authentische Leistung
Prozess	**Gestalten des Lerndesigns** der DL-Einheit, abgestimmt auf die Bedürfnisse der Lernenden entlang der 3 Phasen (im Idealfall im Team) • Auswählen passender Materialien/ Bildungsmedien • Gestalten der (hybriden) Lernumgebung • Ggf. Einbinden von Expert:innen und außerschulischen Lernorten	Unterrichtsangebot, das zum/r **Wissensaufbau**/-organisation führt. Wege zum Wissensfundament: • Substantieller Input durch Lehrkräfte, andere Expert:innen, • Auseinandersetzung mit Bildungsmedien (Personalisierungsmöglichkeit) • Besuch außerschulischer Lernorte **Nachweisen des Wissenfundaments**	Möglichst **selbstorganisierte** und -regulierte **Arbeit** der Schüler:innen an **komplexen Lernherausforderungen** (meist in Teams) • Anwenden von **21st Century Skills** beim **Vertiefen von Wissen** und dem Entwickeln der authentischen Leistung • Verfolgen eigener Lernwege (**Voice & Choice**) in der ko-konstruktiven Auseinandersetzung • **Dialogische Leistungsentwicklung** (u.a. durch formatives Feedback)	**Authentische Leistungen** (schul-) öffentlich umsetzen und darbieten Reflektieren über: • Arbeitsprozesse • Arbeitsergebnisse • die Zusammenarbeit im Team • entdeckte Stärken oder Interessen
Beziehungsgestaltung/ Lernkultur	**Co-Design:** Gegenseitige Unterstützung zwischen Lehrkräften	**Co-Agency**: Gegenseitige Unterstützung zwischen Lernenden, Lehrkräften und anderen am Lernprozess beteiligten Akteur:innen		
Lernziele der Schüler:innen		Tiefes Verstehen von **Schlüsselkonzepten** Aneignen eines stabilen **Wissensfundaments**	Entwickeln von **überfachliche Kompetenzen** und **tiefgreifendem (Fach-) Wissen** Trainieren der **4K** und der **Student Agency**	Darbieten von **mehrdimensionalen Arbeitsergebnissen** Zeigen des **Kompetenz- und Wissenszuwachses** **Metakognitives Reflektieren** des Lernprozesses
Rolle der Lehrkräfte	Lehrkräfte als Unterrichtsdesigner:innen	Lehrkräfte als Wegbereiter:innen des Aufbaus eines Wissensfundaments	Lehrkräfte als flexible Lernunterstützer:innen mit adaptiver Expertise	Lehrkräfte als Einschätzer:innen von fachlichen und überfachlichen Kompetenzen und Feedbackgeber:innen

Abbildung 1: Deeper Learning-Lesezeichen zum Ausschneiden (basierend auf Sliwka & Klopsch 2022, S. 26)

Deeper Learning-Miniglossar

Hier finden Sie zentrale Deeper Learning-Begriffe, die Sie im Verlauf des Workbooks näher kennenlernen.

Voice & Choice ist ein pädagogisches Prinzip, das es Lernenden ermöglicht, altersangemessen am Lernprozess zu partizipieren. Voice & Choice eröffnet damit ein pädagogisches Fenster zum selbstständigen Ausprobieren und Einflussnehmen auf das ‚Wie' und ‚Was' des Lernens. Dabei meint **Choice**, dass Lernende Entscheidungen über das eigene Lernen treffen und **Voice**, dass ihre Stimme im Lernprozess Gewicht hat.

Agency meint das aktive und selbstbestimmte Treffen von Entscheidungen, auf die eine Handlung folgt, für die Verantwortung übernommen wird.

- **Student Agency** meint das Vermögen der Lernenden ihre Handlungen, in der (Lern-)Umgebung selbst zu bestimmen und zu steuern und so den eigenen Lernprozess aktiv zu gestalten und Verantwortung für diesen zu übernehmen.

- **Co-Agency** meint sich gegenseitig unterstützende Beziehungen und Zusammenarbeit auf Augenhöhe.

Personalisiertes Lernen verbindet Lernen mit Interessen, Talenten, Leidenschaften und persönlichen Zielen.

Adaptive Expertise beschreibt flexibles, professionelles Lehrkräftehandeln, wodurch in der Fülle der pädagogischen Situationen beim Deeper Learning die zur Situation passende Lernunterstützungsstrategie genutzt werden kann.

Instruktion und Aneignung (Phase I) ist die erste Phase einer Deeper Learning-Einheit, in der das Wissensfundament vermittelt wird, das sich alle Schüler:innen aneignen müssen, um in die nächste Phase übergehen zu können.

Ko-Konstruktion und Ko-Kreation (Phase II) ist die zweite Phase einer Deeper Learning-Einheit, in der die Lernenden eigene authentische (inter-)disziplinäre Fragestellungen in Teams bearbeiten. Neben einer fachlichen Weiterentwicklung wird die Kompetenzentwicklung in den Bereichen Kooperation, Kommunikation, kritisches Denken und Kreativität (4K) angeregt.

Authentische Leistung (Phase III) ist die dritte Phase von Deeper Learning-Einheiten, in der die Schüler:innen authentische Arbeitsergebnisse öffentlich zeigen.

21st Century Skills sind Fähigkeiten, die im 21. Jahrhundert wesentlich sind, um die Lebens- und Arbeitswelt aktiv zu gestalten. Im Bereich des Lernens und Innovierens stehen die 4K – Kommunikation, Kooperation, kritisches Denken und Kreativität – im Vordergrund.

Mastery meint den Weg des Beherrschens/Entwickelns von tiefgehendem Fachwissen und einem Verständnis der Strukturen innerhalb einer (Fach-)Disziplin.

Authentische Leistungen sind die Arbeitsergebnisse der Lernenden, die in die reale Lebenswelt eingebettet sind und in dieser wirksam werden. Durch die Entwicklung einer authentischen Leistung vertiefen die Lernenden ihr Wissen und zeigen, dass sie ein Thema verstanden haben. In der Regel sind authentische Leistungen Produkte oder Performanzen.

Formatives Feedback ist eine Leistungsrückmeldung während des Lernprozesses, mit dem Ziel, diesen im weiteren Voranschreiten zu unterstützen und zu verbessern.

Mini-Glossar angelehnt an Sliwka & Klopsch (2022, S. 190 ff.)

Hinweis: Weitere Begriffe finden Sie im Glossar am Ende des Workbooks

Lesehinweise

Dieses Workbook ist so strukturiert, dass Sie an vielen Stellen ‚einsteigen' können und auch in einer kurzen Pause im Schulalltag einen kleinen Abschnitt lesen können. Wir empfehlen Ihnen, zuerst Kapitel 1 zu lesen. Darin lernen Sie wesentliche Grundlagen der Deeper Learning-Pädagogik kennen. Danach können Sie entweder mit Kapitel 2, den Kernelementen des Deeper Learning, fortfahren oder direkt zum Design von Deeper Learning-Einheiten ins dritte Kapitel springen und immer, wenn Sie etwas vertiefen möchten, zu Kapitel 2 zurückkehren.

Ikon-Legende

Im Workbook werden Sie immer wieder auf die nachfolgenden Symbole stoßen.
Sie sind Hinweise für:

Reflexionsimpulse

Materialien für Schüler:innen oder Lehrkräfte zum Weiterentwickeln und sofort Nutzen

Kurz und knapp erklärte Konzepte

Lesetipps, Links und Materialien zum Herunterladen

Einblicke ins Klassenzimmer

Hinweise

Ideensammlungen

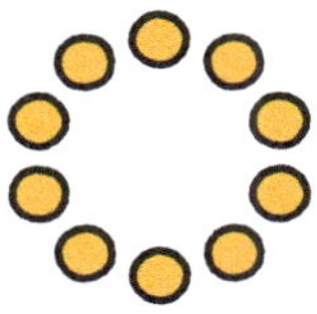

Kurze Beispiele

Roadmap: Der Weg zum Deeper Learning

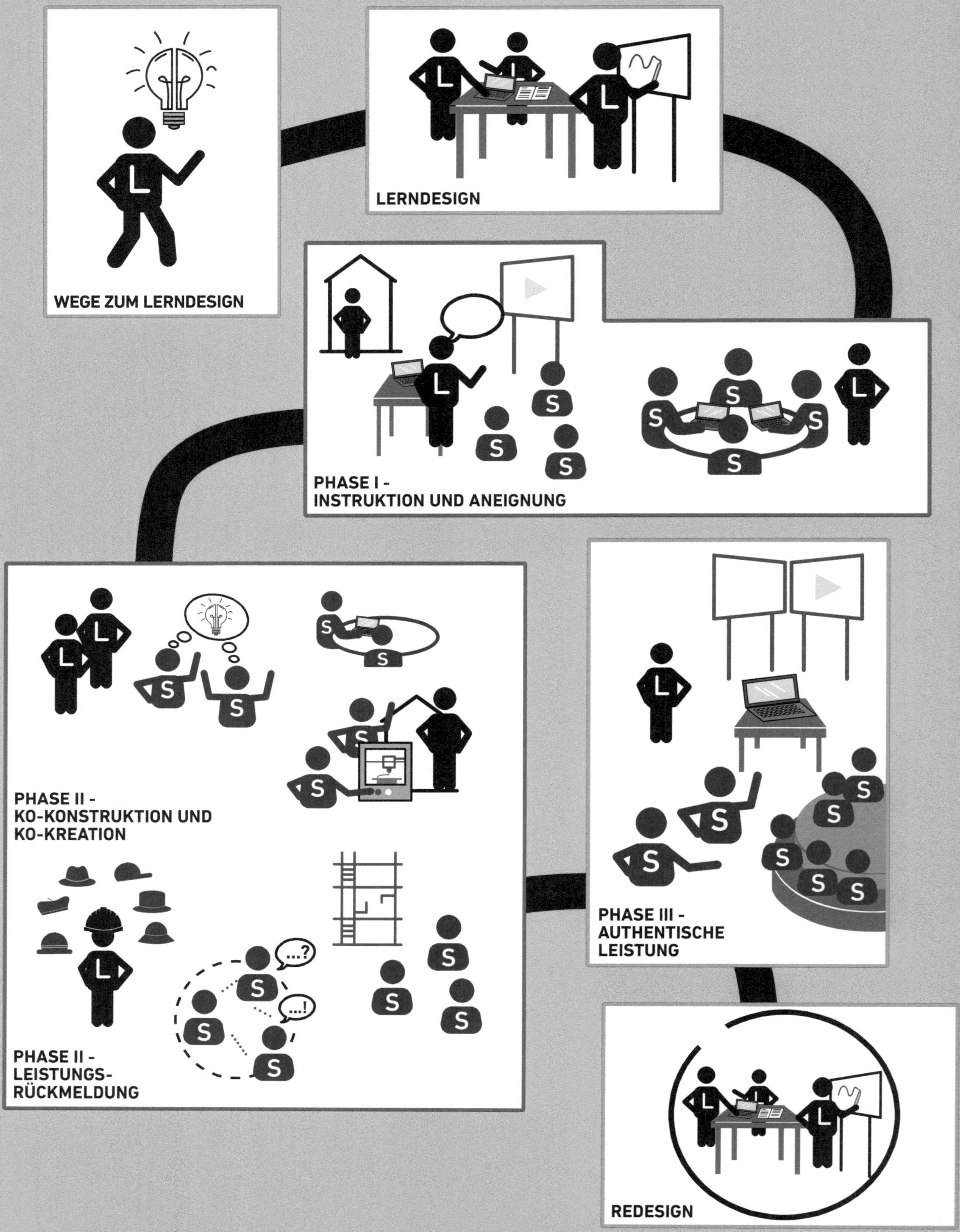

- ☐ Ich habe eine Idee.
- ☐ Ich möchte eine Unterrichtseinheit zu einer Deeper Learning-Einheit fortentwickeln.
- ☐ Ich habe spannendes Material zu einem Thema.
- ☐ Ich habe ein passendes Hobby.
- ☐ Ich kann den Kontakt zu einem oder einer Expert:in herstellen.
- ☐ Ich kenne einen geeigneten außerschulischen Lernort.

WEGE ZUM LERNDESIGN

- ☐ Wir planen Input passend zur Lerngruppe.
- ☐ Wir füllen die digitale Lernplattform mit Materialien für Phase I und Phase II.
- ☐ Wir definieren ein Wissensfundament.
- ☐ Wir sprechen mit Expert:innen und außerschulischen Bildungspartner:innen.
- ☐ Wir entwickeln ein kohärentes Lerndesign.
- ☐ Wir antizipieren verschiedene Lernwege und bereiten passende Hilfestellungen vor.

LERNDESIGN

- ☐ Wir geben Input.
- ☐ Wir helfen, Vorwissen einzuschätzen und individuelle Lernwege anzubahnen.
- ☐ Wir überprüfen das Wissensfundament.
- ☐ Wir unterstützen den Lernprozess und begleiten die Aneignung.

- ☐ Die Lernenden üben.
- ☐ Die Lernenden nutzen Selbstlernmaterial.
- ☐ Die Lernenden zeigen, was sie können.

PHASE I -
INSTRUKTION UND ANEIGNUNG

- ☐ Wir ermöglichen es den Lernenden Entscheidungen bezüglich ihres Lernprozesses zu treffen.
- ☐ Die Lernenden bringen ihre Stärken ein.
- ☐ Wir unterstützen die Lernenden dabei, eigene Lernwege zu Beschreiten und eigene Fragestellungen zu verfolgen.
- ☐ Wir ermuntern die Lernenden, über sich selbst hinaus zu wachsen.
- ☐ Wir bieten zur Lernsituation passende Hilfestellungen und Unterstützung an.

PHASE II -
KO-KONSTRUKTION UND
KO-KREATION

- ☐ Wir schätzen die Leistungsentwicklung der Lernenden z.B. mithilfe der SOLO-Taxonomie und Kompetenzrastern ein.
- ☐ Wir sind in kontinuierlichem Dialog mit allen Lernenden.
- ☐ Wir geben Tipps zur Weiterarbeit.

PHASE II -
LEISTUNGSRÜCKMELDUNG

- ☐ Wir lassen unterschiedliche Präsentationsformen zu.
- ☐ Wir gestalten und organisieren mit den Lernenden gemeinsam eine rahmende Veranstaltung zur Darbietung der Arbeitsergebnisse.
- ☐ Wir reflektieren mit den Lernenden die Einheit in fachlicher und überfachlicher Perspektive.

PHASE III -
AUTHENTISCHE
LEISTUNG

- ☐ Wir dokumentieren das Lerndesign und unser Unterrichtsmaterial für eine zukünftige Nutzung oder weitere Kolleg:innen.
- ☐ Wir stellen fest, welche Lernaktivitäten besonders wirkungsvoll waren.
- ☐ Wir sammeln Impulse zur Weiterentwicklung der Einheit.
- ☐ Wir aktualisieren und erweitern das Lerndesign.

REDESIGN

Abbildung 2: Deeper Learning-Roadmap
(basierend auf Sliwka & Klopsch 2022, S. 188, 189)

Die Entstehungsgeschichte dieses Workbooks

Deeper Learning-Initiative

Die Entwicklung zum Deeper Learning haben wir an Schulen in Kanada, Neuseeland, Finnland, Singapur, den USA und Australien in den vergangenen zehn Jahren kennengelernt und beobachtet. Dort hat uns die Freude am Lernen und die Dynamik in der Auseinandersetzung mit Wissen begeistert, sodass wir 2018 die Deeper Learning-Initiative an der Ruprecht-Karls-Universität in Heidelberg gegründet haben.

Aus den internationalen Erkenntnissen ist ein deutsches Modell des Deeper Learning entstanden, das zu unserer Schul- und Unterrichtskultur in Deutschland passt. Es greift wesentliche Elemente guter Praxis auf und integriert sie zu einem Gesamtkonzept. Die Grundlagen des Deeper Learning sind im Fachbuch „Deeper Learning in der Schule – Pädagogik des digitalen Zeitalters" von Anne Sliwka und Britta Klopsch veröffentlicht.

Deeper Learning - Innovationsnetzwerke

Mittlerweile entwickeln, erproben und erforschen wir Deeper Learning seit einigen Jahren. Wir begannen lokal mit unseren Partnerschulen in der Metropolregion Rhein-Neckar. Mittlerweile forschen und lernen wir gemeinsam mit den beiden Deeper Learning-Innovationsnetzwerken: Einem deutschlandweiten Schulnetzwerk mit MINT-Schwerpunkt, welches unsere Projektpartnerin, die Deutsche Telekom Stiftung, unterstützt, und einem baden-württembergischen Netzwerk, welches die Robert Bosch Stiftung unterstützt. Für diese Lernchancen sind wir sehr dankbar!

Ko-Konstruktion – Wissenschaft und Schulpraxis lernen gemeinsam

In diesem Workbook zeigen wir praxistauglich, wie zeitgemäßes Lernen und Arbeiten an Schulen im 21. Jahrhundert gestaltet werden kann. Das vorliegende Workbook ist in einem ko-konstruktiven Dialog mit Lehrkräften, Fachdidaktiker:innen und Lehramtsstudierenden entstanden, die uns als Co-Designer:innen und Critical Friends durch ihre praktischen Erfahrungen und Impulse bereichert und unterstützt haben.

Vision & Mission

Unser Ziel ist es, mit Deeper Learning ein pädagogisches Konzept anzubieten, in dem Lernende sich als aktive und selbstwirksame Gestalter:innen ihrer eigenen Lernprozesse erleben. Dabei ist fachliches Lernen bedeutsam, denn Wissen ist der Rohstoff der Wissensgesellschaft – und ohne fachliches Wissen sind Problemlösungen und Kreativität nicht möglich. Die dazugehörigen komplexen Kompetenzen werden beim einfallsreichen und produktiven Umgang mit dem Rohstoff ‚Wissen' trainiert.

Beim Deeper Learning geht es darum, Lernende selbst bestimmen zu lassen, in welche Richtung sich ihre Lernprozesse entwickeln. Sie steuern und formen das Lerngeschehen mit, statt passiv am von der Lehrkraft geplanten Unterricht teilzunehmen. Es geht um nicht weniger als darum, Schüler:innen in der unübersichtlichen, herausfordernden und zugleich chancenreichen Welt des 21. Jahrhunderts in die Lage zu versetzen, sich selbst und uns als Gesellschaft einen guten Weg in die Zukunft zu ebnen.

Lassen Sie uns gemeinsam mit Beispielen in die Welt des Deeper Learning eintauchen!

Prolog

Ein Blick in die Deeper Learning-Einheit „Klimawandel – Klimafolgen"

Entwickelt und durchgeführt von Larissa Enderle und Christopher Hornung an der Hardtschule Durmersheim

Co-Design – Unterrichtsentwicklung als Team
Gemeinsam entwickeln Frau Enderle und Herr Hornung eine fächerverbindende Deeper Learning-Einheit zum Thema „Klimawandel – Klimafolgen", um für die 10. Klasse ein spannendes Lernangebot in der Lernlandschaft ihrer Schule anzubieten. Sie unterrichten beide in der Klassenstufe und nutzen die Lernzeit in ihren Fächern Gesellschaftswissenschaften, Naturwissenschaften und Deutsch, um gemeinsam mit der Klasse vier Wochen lang tief in das facettenreiche Phänomen des Klimawandels einzutauchen.

So sollen die Lernenden sich ein besseres Verständnis für die aktuellen Problemlagen, die durch den Klimawandel verursacht werden, erarbeiten, Sensibilität für die Klimakrise und ihre Folgen entwickeln und Gegenmaßnahmen für diese Probleme identifizieren. Ihr Wissen dazu sollen die Schüler:innen in Videos, zum Beispiel für die Nachrichtensendung der Schule, die Hardtschool-News, aufbereiten. Dazu haben Frau Enderle und Herr Hornung verschiedene Lernpfade nach dem Bausteinprinzip vorbereitet und öffnen ihr Klassenzimmer als Auftakt der Einheit für eine Perspektive aus dem Weltall.

Phase I: Instruktion und Aneignung – Klimaexpedition im Klassenzimmer
Sarah und Lukas sind gespannt, weil heute eine echte Expertin, Frau Reinholds, zu Besuch kommt. Sie nimmt die Lerngruppe mit auf eine Klassenzimmer-Klimaexpedition und untersucht mit den Lernenden anhand von live gezeigten Satellitenbildern die Klimaveränderungen. Carlos und Lina sind schockiert darüber, dass sich Wüstenregionen im Vergleich zu früheren Aufnahmen deutlich ausgedehnt haben. Durch diese Gegenüberstellung erarbeiten sich die Schüler:innen ihren ersten Expertenbaustein.

Im Anschluss an diesen motivierenden Einstieg ins Thema ‚Klimawandel' folgen in den nächsten Stunden verschiedene Input-, Selbstlern- und Übungsphasen, um ein solides Fachwissen aufzubauen. So erklärt Frau Enderle der Lerngruppe den Unterschied zwischen dem natürlichen und dem anthropogen verursachten Treibhauseffekt. Herr Hornung greift diesen Faden auf und analysiert mit den Lernenden Klimadiagramme von Orten auf der Welt, die stark von den Klimafolgen betroffenen sind. Durch auf der schulinternen Lernplattform bereitgestellte Erklärvideos ermöglichen die Lehrkräfte den Lernenden weiterführende Einblicke in diese Regionen. Die Videos machen vielschichtige Problemlagen wie die ‚Desertifikation' greifbar, findet Hamza und ergänzt den Fachbegriff auf der Konzeptwand im Klassenzimmer. Nach und nach füllt und verdichtet sich die Konzeptwand, sodass der Lernfortschritt der Klasse sichtbar wird.

Das Lehrkräfteteam hat sich einen letzten Expertenbaustein für diese Unterrichtsphase überlegt, damit die Schüler:innen zeigen können, dass sie wichtige Grundlagen über den Klimawandel und seine Folgen verstanden haben. Jede:r Schüler:in wählt aus dem Begriffsfundus der Konzeptwand jeweils einen gesellschaftswissenschaftlichen und einen naturwissenschaftlichen Begriff aus und verfasst dazu einen Glossarbeitrag. Leon wählt ‚Treibhausgas' und ‚Ernährungsunsicherheit', erklärt der Klasse beide Begriffe und begründet auf Nachfrage von Alicia, warum ‚Treibhausgas' in direkter Nachbarschaft zu ‚Kohlenstoffdioxid' und ‚Methan' steht. Die Klasse hat sich einen umfangreichen Wissensschatz erarbeitet, der in der nächsten Phase stärker selbstorganisiert vertieft wird.

Phase II: Ko-Konstruktion und Ko-Kreation – Videoentwicklung: Von den Folgen der Klimakrise sachverständig berichten

Die Lernenden dürfen den nächsten Baustein, das Vertiefungsthema, frei nach Interesse wählen und bilden feste Teams aus drei bis fünf Schüler:innen. Frau Enderle und Herr Hornung bieten zu den vier Themen – ‚Klimaflüchtlinge', ‚Meeresspiegelanstieg', ‚Extremwetterereignisse', und ‚Veränderung der Flora und Fauna' – vorbereitete Lernpfade an. Lukas, Carlos und Lina entscheiden sich für den Themenkomplex ‚Extremwetterereignisse'. Auf der Lernplattform finden die Lernenden eine Materialsammlung aus Videos und Texten zur vertiefenden Recherche sowie Checklisten, die Kriterien für ein gelungenes Video transparent machen.

Herr Hornung unterstützt die Gruppen dabei, ein passendes Videoformat auszuwählen, da die Lernteams selbst entscheiden dürfen, ob sie ein sachliches Erklärvideo, ein Streitgespräch oder einen Tagesschaubeitrag für die schulinternen ‚Hardtschool News' filmisch umsetzen möchten. Das Team macht sich ans Werk und bespricht die Entwurfsfassung des Video-Storyboards mit Frau Enderle. Sie empfiehlt dem Team, ihr Thema weiter einzugrenzen. Daraufhin beschließen Lukas, Carlos und Lina, den Fokus stärker auf Starkregen zu legen. Das Team überprüft kontinuierlich mithilfe der Checkliste, ob es alle wichtigen Kriterien beachtet hat. Nach mehreren Überarbeitungsschleifen entsteht ein anschaulicher und fundierter Tagesschaubeitrag.

Phase III: Authentische Leistung – Problemlagen und Lösungsansätze in Videos veranschaulichen

Lukas, Carlos und Lina sind aufgeregt, da sie ihre Tagesschauaufnahme nun im Rahmen der schuleigenen Nachrichtensendung vor der gesamten Schulgemeinschaft zeigen werden. Alle Teams erhalten viel Applaus und sind sichtlich stolz auf ihre ansprechenden und vielfältigen Beiträge. Im letzten Lernschritt wendet die Klasse das erworbene Wissen in einem Klima-Onlinespiel an. Danach findet eine Rückschau statt, bei der die Schüler:innen ihre eigene und die Leistung des Teams einschätzen. So vorbereitet beginnt das Team das Retrospektivgespräch mit Herrn Hornung. Gemeinsam überlegen sie, wie sie ihre Arbeits- und Lernprozesse beim nächsten Versuch verbessern können und welche Stärken und Fähigkeiten die Gruppe bereits jetzt sehr gut einbringen konnte.

Redesign

Frau Enderle und Herr Hornung sind zufrieden mit dem Engagement und den Ergebnissen der Teams. Sie überlegen nun, wie sie die fächerübergreifende Arbeit ausweiten und noch mehr Kolleg:innen am Team beteiligen können. Sie freuen sich schon auf die nächste Deeper Learning-Einheit.

Ein Blick in die Deeper Learning-Einheit „Ein romantischer Abend"

Entwickelt und durchgeführt von Dajana Rajkovic-Hanke, Lars Brodersen und Michael Veeh am Johannes-Scharrer-Gymnasium

Co-Design
Um den Schüler:innen der elften Jahrgangsstufe die Möglichkeit zu geben, die literarische Epoche der Romantik tiefgreifend und multiperspektivisch kennenzulernen und sie unter Berücksichtigung der heutigen Zeit neu zu betrachten, planen Frau Rajkovic-Hanke, Herr Brodersen und Herr Veeh – ein Fachteam aus Deutschlehrkräften – eine Deeper Learning-Einheit zum Leitmotiv „Ein romantischer Abend".

Phase I: Instruktion und Aneignung – Die Literaturepoche der Romantik entdecken
Die Lernenden arbeiten von Beginn an sehr selbstorganisiert und erkunden wichtige Merkmale der Gedankenwelt der Romantik mit Hilfe von Erklärvideos, Audiodateien und klassischen Texten, die das Lehrkräfteteam auf der schulischen Lernplattform bereitgestellt hat. Frau Rajkovic-Hanke und Herr Brodersen unterstützen und ermutigen die Jugendlichen dabei.

Zwischen den Selbstlernepisoden führt die Klasse Diskussionen und philosophische Gespräche über Themen der Literaturepoche, wie beispielsweise die verklärte Wahrnehmung der Wirklichkeit oder das Gefühl der Sehnsucht. Auf diese Weise eignen sich die Lernenden Grundlagenwissen und zentrale fachliche Konzepte der Romantik an. Um ihr Lernen und Verstehen dieser wichtigen Epoche zu überprüfen, verfassen die Jugendlichen einen kurzen Essay über die Romantik und erhalten Feedback von den Lehrkräften.

Phase II: Ko-Konstruktion und Ko-Kreation – Eine romantische Schreibwerkstatt
Die Lernenden arbeiten nun in Teams und wählen eigene Schwerpunkte für ihre persönliche Auseinandersetzung mit der Romantik aus einer Sammlung von Methoden und Themen. Hannah, Davide und Franca entscheiden sich dafür, die romantische Erzählung „Rotkäppchen" als Kriminalfall zu stilisieren und kritisch zu hinterfragen, welche Aspekte des Märchens aus heutiger Sicht problematisch sind. Konstanze und Yasmin planen einen wissenschaftlichen Vortrag über fortschrittliche Schriftstellerinnen und Frauenfiguren der Romantik. Herr Brodersen empfiehlt ihnen, die städtische Bibliothek zur vertieften Recherche aufzusuchen.

Sam und Djamal befassen sich mit dem Motiv der Heimat und schreiben poetische Gedichte im Stil von Rap und Poetry-Slam. Die Lehrkräfte begleiten und beraten die Teams auf ihren unterschiedlichen Lernwegen. Während des gesamten Lernprozesses dürfen sich die Teams die Zeit selbst einteilen und an unterschiedlichen Lernorten an ihren Beiträgen für die selbstorganisierte Abendveranstaltung den ‚Abend der Romantik', feilen.

Phase III: Authentische Leistung – Ein romantischer Abend
Der große Saal einer Nürnberger Burg bietet eine passende Kulisse für die Darbietung der vielfältigen Lernergebnisse. Konstanze und Yasmins Aufregung steigt, als immer mehr geladene Gäste, darunter Eltern, Freunde und sogar eine Reporterin der lokalen Zeitung zum ‚Abend der Romantik' im Saal eintreffen. Yasmin und Konstanze beginnen die Moderation des Abends. Die Schüler:innen kuratieren selbstgeschriebene und inszenierte Stücke, unterhaltsame und informative Vorträge sowie romantische Poetik. Das bunte Abendprogramm bringt dem Publikum die Epoche der Romantik näher und wird mit donnerndem Applaus belohnt.

Phase III: Abschlussreflexion
Im Nachgang reflektieren die Teams gemeinsam mit den Lehrkräften über ihre Lernerfahrungen und die Gestaltung der letzten sechs Wochen. Dabei überlegen die Lernenden, wie sie ihr Vorgehen verbessern können.

Redesign
Auch das Lehrkräfteteam blickt gemeinsam auf den Arbeitsprozess der Schüler:innen zurück und leitet daraus Ideen für die Wiederholung der Einheit ab. Die Lehrkräfte sind beeindruckt von den Leistungen der Lerngruppen und planen, den Lernenden beim nächsten Mal Selbsthilfewerkzeuge zum Verfassen unterschiedlicher Textarten zur Verfügung zu stellen. Sie sehen darin eine Chance für die Jugendlichen, den Lernprozess noch eigenständiger zu gestalten.

Reflexion
Können Sie sich eine solche ko-konstruktive Arbeitsweise für sich und Ihre Fächer vorstellen?

Mit welchen Fächern/Themen würden Sie gerne eine (inter-)disziplinäre Deeper Learning-Einheit ausprobieren?

1. Einführung in die Deeper Learning-Pädagogik

1.1 Deeper Learning als internationales Konzept

Zeiten des Umbruchs

Das 21. Jahrhundert steckt voller Veränderungen, Herausforderungen und Chancen. Schüler:innen unserer Zeit wachsen in diesen Wandel der Gesellschaft und der Lebensrealitäten hinein. Sie benötigen Unterstützung, um ihren Platz in dieser Welt zu finden, deren Chancen zu nutzen und ihre Herausforderungen anzugehen.

Eine Idee für Schulen im 21. Jahrhundert

In diesem fundamentalen Umbruch suchen Schulen, Lehrkräfte und ganze Schulsysteme nach Ideen und Antworten auf die neuen Gegebenheiten. Denn „Bildung gilt als Schlüssel zu einem positiven Umgang mit Veränderung" und befähigt dazu, „gestaltend mitzuentscheiden" und „proaktiv und kreativ Einfluss" auf die Entwicklungen der Welt zu nehmen (Sliwka & Klopsch 2022, S. 10).

Deeper Learning als internationales Phänomen

Als Deep(er) Learning werden verschiedene Ideen und Konzepte bezeichnet, die Lern- und Bildungsprozesse für das 21. Jahrhundert weiterdenken, um Schule und Unterricht zukunftsweisender zu gestalten (Fullan et al. 2018; Mehta & Fine 2015, 2019).

Deeper Learning ist ein international verwendeter Sammelbegriff. Entsprechend entwickelten sich weltweit kulturell leicht unterschiedliche Deeper Learning-Ausprägungen, wenngleich die Gemeinsamkeiten überwiegen. So zielen alle Deeper Learning-Ansätze auf die Fähigkeiten, Kompetenzen und Kenntnisse ab, welche junge Menschen für eine gelingende, selbstbestimmte Zukunftsgestaltung benötigen (Sliwka & Klopsch 2022, S. 14f.).

Gemeinsamkeiten der verschiedenen Ansätze weltweit bestehen außerdem darin, dass

Deeper Learning – internationale Gemeinsamkeiten

- **erfahrungsorientiertes, tiefgreifendes Lernen** im Vordergrund steht.
- wichtige **überfachliche Kompetenzen** konsequent mitgedacht werden.
- **Authentizität** innerhalb von Lernprozessen an Bedeutung gewinnt.
- schulische Lern- und Arbeitsprozesse durch **digitale Technologien** bereichert, beschleunigt und befördert werden.
- sie auf **aktuellen Erkenntnissen aus der Lehr-Lernforschung** beruhen.
- sie auf Bedarfe und Lebensumstände der **digitalen Wissensgesellschaft** und damit auf Besonderheiten des **21. Jahrhunderts** vorbereiten möchten.

Schulen machen sich weltweit auf den Weg

Aus Pioniervorhaben in Ländern, in denen sich einzelne Schulen, Schulnetzwerke oder ganze Systeme in Richtung eines Deeper Learning auf den Weg machen, können wir eine Menge lernen. Deeper Learning-Schulnetzwerke aus den USA und aus Kanada zeigen uns etwa, wie das Anbahnen globaler Kompetenzen wie Kreativität oder Kooperation gelingen kann (Fullan et al. 2018; Mehta & Fine 2019).

Inspiration für unser System

- **High Tech High Schulnetzwerk** (HTH, USA): Die mittlerweile sechzehn Schulen des High Tech High Schulnetzwerks verfolgen in ihrer pädagogischen Arbeit die vier Prinzipien Gerechtigkeit, Personalisierung, authentisches Lernen und Kollaboration. Die Unterrichtspraxis zeichnet sich dort durch komplexe, mehrwöchige Deeper Learning-Projektphasen aus: https://www.hightechhigh.org/student- work/student-projects/

- **Australian Science & Mathematics School** (ASMS, Australien): Die ASMS wagt sich schon seit einigen Jahren an den Transformationsprozess zu außergewöhnlichem Lernen heran. Zentrale Prinzipien des Lernens sind hier Interdisziplinarität, Lebensweltbezug und Agency. So findet das Lernen in Klasse 10 und 11 in themenbasierten, fächerübergreifenden Modulen statt: https://asms.sa.edu.au/

- **Rolleston College** (Neuseeland): Das Rolleston College versteht sich als zukunftsorientierte, flexible und adaptive Schule. Lernen findet in drei Formaten statt: Ako Learning (Basiskompetenzen erwerben), Connected Learning (fächerübergreifendes Lernen) und Selected Learning (Lernen in innovativen Wahlfächern). Auch das Schulgebäude und die Formen der Leistungsbewertung sind lernendenorientiert gestaltet: https://www.rollestoncollege.nz/

Innerhalb dieser Pionierschulen zeigt sich, wie sich Schulen in ihrer Raumgestaltung verändern, um zeitgemäßes Lernen besser zu ermöglichen. Aus dem erfolgreichen Bildungssystem Singapurs können wir erahnen, wie sich Bildungspläne zugunsten eines tieferen, konzeptorientierten Lernens entschlacken lassen (Sliwka & Klopsch 2022, S. 73; Tan et al. 2008).

Zudem zeigen uns Pädagog:innen aus Deeper Learning-Pionierschulen, wie sich Lernen stärker an den Interessen und Neigungen der Lernenden orientieren kann (Sliwka & Klopsch 2022,S. 13 f.). Bei unseren Besuchen an Schulen in Kanada und Neuseeland fiel zudem die positive Atmosphäre auf: Lernen mit Neugier, Freude und auf Augenhöhe!

Lesetipp

Wenn Sie mehr über internationale Entwicklungen im Deeper Learning erfahren möchten, empfehlen wir das Fachbuch zum Workbook:

Sliwka, A. & Klopsch, B. (2022).
Deeper Learning in der Schule. Pädagogik des digitalen Zeitalters.
Beltz Verlag

1.2 Die pädagogische Basis des Deeper Learning

Deeper Learning für den deutschen Kulturkontext

Ausgehend von Beobachtungen internationaler Entwicklungen an Schulen und den dazugehörigen Erkenntnissen aus der Lehr-Lernforschung ist das hier vorgestellte Konzept des Deeper Learning entstanden. Es wurde für den deutschen Bildungsraum entwickelt. Das bedeutet, dass alle Ideen, Vorgehensweisen und theoretischen Ansätze konsequent für unseren Kulturkontext weitergedacht wurden.

Was bedeutet Deeper Learning?

Kurz erklärt: Deeper Learning in Deutschland
Deeper Learning bezeichnet ein Lernen mit Tiefgang, welches durch eine innovative Unterrichtsweise angeregt wird. Schüler:innen stehen dabei im Fokus und werden dazu ermutigt, bei der Wissensarbeit und Kompetenzaneignung eigene Lernpfade zu beschreiten. Dazu gehört eine passende pädagogische Rahmung, welche diese Art des Lernens unterstützt (z.B. durch die Gestaltung des Lerndesigns, der Lernumgebung, der Klassenführung oder der Beziehungsgestaltung).

Vielfältige Facetten des Deeper Learning

Anknüpfend an die Lehr-Lernforschung berücksichtigen wir beim Deeper Learning in Deutschland die folgenden sieben Aspekte (Sliwka & Klopsch 2022):

- Lernwege **personalisieren**
- mit anderen Lehrkräften **im Team arbeiten**
- Unterricht (im Team) **designen**
- **Wissensaneignungs**- und **Problemlöseprozesse** systematisch verbinden
- **authentisch** lernen
- **Leistungsentwicklung** dialogisch und formativ begleiten
- Beziehungen durch **Co-Agency** gestalten
- Entwicklungsräume für **Student Agency** schaffen
- **adaptive Expertise** erweitern

All diesen Facetten des Deeper Learning – von individuellem Lernprozess, über Unterrichtsgestaltung bis hin zu einer rahmenden Pädagogik – wenden wir uns im Verlauf des Workbooks zu.

Entwickeln, Entfalten, Entdecken

Alle Lernwege eröffnen Schüler:innen beim Deeper Learning Gelegenheiten zum Entwickeln, Entfalten und Entdecken der eigenen Identität – einem wesentlichen Ziel dieser Pädagogik.

Hinweis: Ein Wort - viele Bedeutungen
Deeper Learning bezeichnet je nach Kontext:

- Tiefgehende **Lernprozesse einer Person**
- Eine innovative **Unterrichtsweise** für das 21. Jahrhundert: das Deeper Learning-Phasenmodell
- Die Ausgestaltung passender Rahmenbedingungen für ein Lernen mit Tiefgang: eine **Deeper Learning-Pädagogik**

Kurz erklärt: Deeper Learning als tiefgreifende Lernprozesse einer Person

Deeper Learning als tiefes Lernen einer Person

Der Lernprozess führt Lernende während Deeper Learning-Einheiten zu einer tiefgehenden Auseinandersetzung mit komplexen (Fach-)Inhalten. Lernende stellen dabei neugierig Fragen, gehen diesen nach und können sogar Flow-Zustände (Csikszentmihalyi 2019) erleben. Zugleich erfordert die tiefgreifende Beschäftigung mit Wissen, dass 21st Century Skills, Konzentration, Durchhaltevermögen und Anstrengungsbereitschaft trainiert werden (Sliwka & Klopsch 2022, S. 120). Deeper Learning-Einheiten führen zu tiefgehendem, nachhaltigem Wissen und dem damit verbundenen Können. Darüber hinaus eröffnen sie Schüler:innen Gelegenheiten, mehr über sich selbst zu erfahren, und sie trainieren ihre Agency.

DNA des Deeper Learning

Bei Deeper Learning-Lernarrangements werden drei pädagogische Leitideen – Mastery, Identität und Kreativität – miteinander verbunden. Die Lernenden werden bei der Aneignung von tiefgreifendem Fachwissen (Mastery) und dem kreativen, handlungsorientierten Umgang damit in ihrer Identitätsentwicklung unterstützt (Metha & Fine 2015; Metha & Fine 2019, S. 15; Sliwka & Klopsch 2022, S. 40). Genau in diesem Überschneidungsbereich ereignet sich die Dynamik von Deeper Learning und kann auf diese Weise Lernen subjektiv bedeutsam machen und in die Tiefe führen.

Pädagogische Leitideen des Deeper Learning

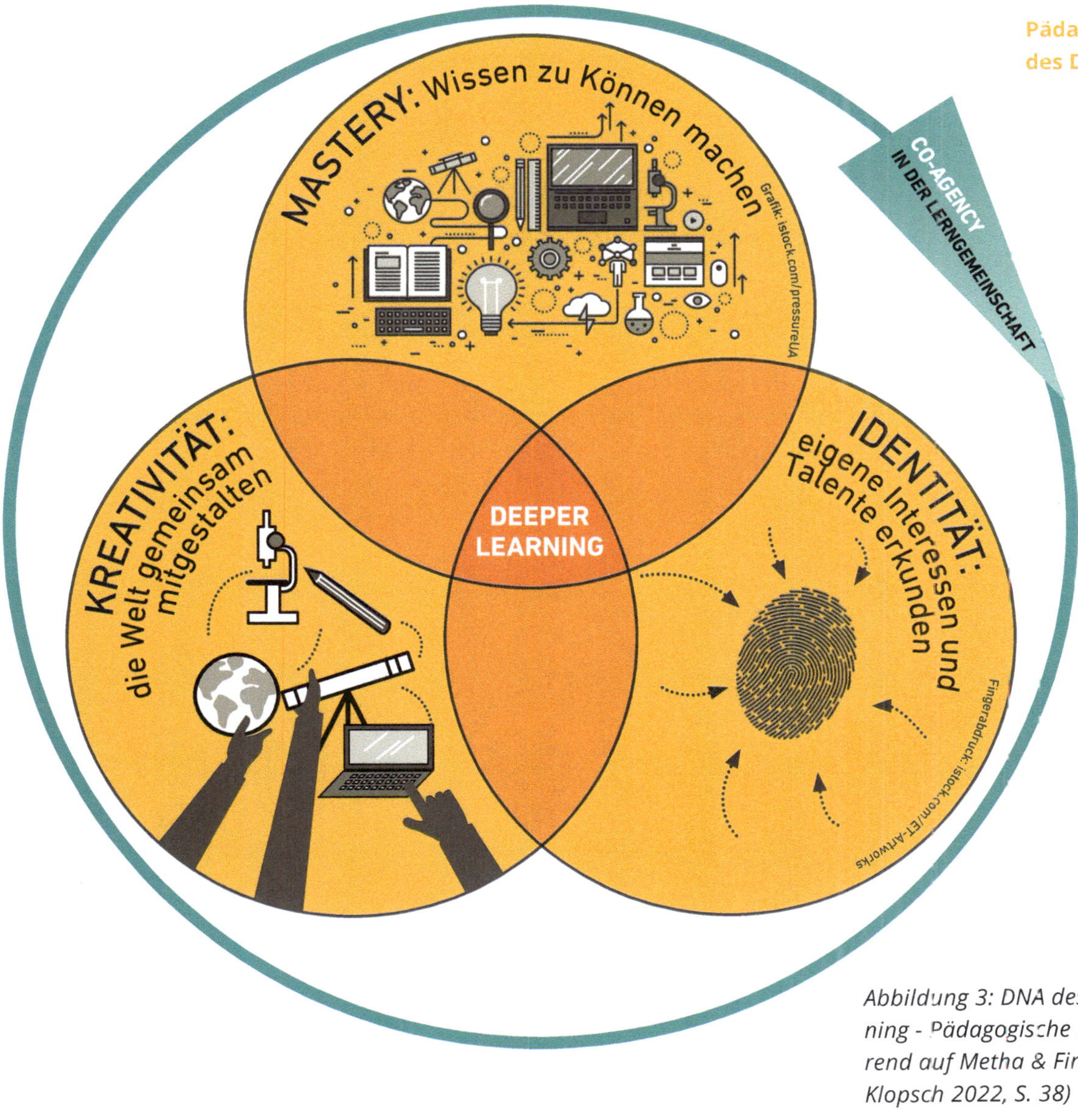

Abbildung 3: DNA des Deeper Learning - Pädagogische Leitideen (basierend auf Metha & Fine 2019; Sliwka & Klopsch 2022, S. 38)

DNA des Deeper Learning

Mit Mastery, Identität und Kreativität in die Tiefe

Das deutsche Deeper Learning-Modell verbindet Mastery, Identität und Kreativität in einem Lernsetting miteinander. Das Deeper Learning trägt somit zur Persönlichkeitsentwicklung bei (Sliwka & Klopsch 2022, S. 39).

Mastery (Tiefgreifendes Fachwissen) beschreibt den Weg zur Beherrschung von substanziellem Fachwissen, die Entwicklung von transferfähigen, intellektuellen Fähigkeiten und ein strukturelles Verständnis der jeweiligen Wissensdisziplin (Mehta & Fine 2019, S. 15; Sliwka & Klopsch 2022, S.40 f.).

Identität wird gestärkt, wenn Lernen mit der Persönlichkeit des Individuums zusammenhängt. Deeper Learning bietet Gelegenheiten zur Identitätsarbeit beim Lernen (Sliwka & Klopsch 2022, S. 45 f.). Oft werden Lernprozesse dabei von intrinsischer Motivation angetrieben, da die Lernenden Inhalte als bedeutungsvoll und relevant für die eigene Person wahrnehmen (Nurra & Oyserman 2018). Das Lernen wird tiefer, wenn es zu einem wichtigen Teil des Selbst wird (Mehta & Fine 2019, S. 299).

Die **Kreativität** unterstützt den Wandel vom passiven Empfangen des gesammelten Wissens über ein Thema oder eine Domäne hin zur Fähigkeit, innerhalb dieses Feldes zu handeln, Wissen anzuwenden und damit schöpferisch umzugehen (Mehta & Fine 2015, S. 19; Sliwka 2018, S. 88; Sliwka & Klopsch 2022, S. 52 f.). So werden originelle, qualitätsvolle Arbeiten geschaffen und Erfahrungen, Erlebnisse und Handlungen während des Arbeitsprozess als neuartig und persönlich bedeutsam eingeordnet (Beghetto und Kaufman 2007; Kaufman und Beghetto 2008) .

Diese pädagogischen Leitideen bilden die **DNA des Deeper Learning** (Sliwka & Klopsch, S. 39).

Deeper Learning als individueller Lernprozess

Deeper Learning, als individueller Lernprozess, wird im Unterricht durch ein Phasenmodell angestoßen. Dieser Dreiklang aus drei Phasen bildet das Herzstück unseres Konzeptes, weshalb Sie im Anschluss ein ganzes Kapitel zum Phasenmodell finden.

Abbildung 4: Dreiklang des Deeper Learning-Konzepts (basierend auf Sliwka & Klopsch 2022, S. 69)

Dreiklang des Deeper Learning

Kurz erklärt: Deeper Learning-Phasenmodell
Deeper Learning erfordert drei Phasen (Sliwka & Klopsch 2022, S. 23):

Phase I: Die Lehrkräfte unterstützen und organisieren die Aneignung von fachlichen (Schlüssel-)Konzepten und zentralen Wissensbeständen. Die Phase mündet in ein solides Wissensfundament.

Phase II: Die Lernenden setzen sich ko-konstruktiv und ko-kreativ vertiefend mit dem Themenfeld auseinander. Die Schüler:innen arbeiten kreativ in kleinen Teams, treffen eigene Entscheidungen und lösen Lernherausforderungen.

Phase III: Abschließend wird die authentische Leistung (Produkt oder Performanz) einem Publikum dargeboten.

Um Deeper Learning im Unterricht zu fördern und zu unterstützen, schaffen wir passende pädagogische Rahmenbedingungen (Beigel et al. 2021). Zu ihnen gehören etwa die bewusste Gestaltung einer Beziehung zwischen Lernenden und Lehrkräften auf Augenhöhe (Co-Agency), eine formative Feedbackkultur oder auch erweiterte Lernorte für Schüler:innen, um an ihren individuellen Projekten zu arbeiten (Sliwka & Klopsch 2022).

Deeper Learning-Pädagogik

Kurz erklärt: Deeper Learning-Pädagogik
Deeper Learning ist eine Pädagogik, die bildungswirksame, tiefgehende und bedeutsame Lernerfahrungen durch passende Rahmenbedingungen ermöglicht. Dazu trägt ein Zusammenspiel verschiedener Elemente, wie etwa kooperative Professionalität, Voice & Choice oder Co-Agency bei. Der Zusammenklang dieser Elemente macht die Deeper Learning-Pädagogik aus und trägt zu einer neuen Lernkultur bei.

Raum zum Weiterdenken

1.3 Die Grundstruktur des Deeper Learning-Phasenmodells

Das Phasenmodell des Deeper Learning

Wissen erfahren

Wissen aneignen, gemeinsam handeln und dadurch etwas Neues erschaffen – darum geht es beim Deeper Learning. Das für den deutschen Kulturkontext entwickelte Modell von Deeper Learning schafft einen pädagogischen Zeitraum. Dieser besteht aus drei Phasen, die Wissen mit Handeln verknüpfen und schließlich zu authentischen Leistungen führen (Sliwka & Klopsch 2022, S. 23).

Phasenmodell

Im Deeper Learning-Phasenmodell ist die Wissensweitergabe durch Instruktion und die strukturierte Aneignung eines Wissenfundaments (Phase I) eine notwendige Voraussetzung für darauf aufbauende Prozesse der selbstgesteuerten Ko-Konstruktion und Ko-Kreation (Phase II) durch Schüler:innen. Leistung wird beim Deeper Learning nicht in Klassenarbeiten abgeprüft, sondern in Form von authentischen Lernleistungen – meist ein Produkt oder eine Performanz –, die für ein reales Publikum sichtbar gemacht.

Flexibles Modell

Jede der Phasen des Modells hat dabei eigene Besonderheiten und funktioniert nach „einer eigene[n] Logik" (Sliwka & Klopsch 2022, S. 24). Die Abfolge der Phasen ist dabei nicht zwingend als lineare Prozesskette, sondern vielmehr als flexibles Modell zu verstehen. Das bedeutet, dass Deeper Learning-Einheiten in der Schulrealität natürlich komplexer sind und einzelne Elemente der Phasen auch mehrfach durchlaufen werden können. So erfolgen Phasen der Wissensaneignung selbstverständlich auch in Phase II. Sie können als Kompetenzbausteine angeboten werden und beispielsweise im Bereich der fachlichen Wissensaneignung oder im Einüben einer Methode liegen.

Abbildung 5: Dreiklang des Lernens (basierend auf Sliwka & Klopsch 2022, S. 26)

Phase I: Instruktion und Aneignung - Schlüsselkonzepte verstehen und ein Wissensfundament aufbauen

Blick ins Klassenzimmer:
Deeper Learning-Einheit: „Wissen & Wahrheit – Woher weiß man...?“ – Phase I

Herr Ronelli ist Deutschlehrer und sehr darüber besorgt, dass Teile der Bevölkerung wissenschaftlichen Erkenntnissen misstrauen und alternative Fakten verbreiten. Er findet es wichtig, dass seine Schüler:innen wissen, wie wissenschaftliche Erkenntnisse entstehen und welche Bedeutung eine objektiv geteilte Wahrheit für die Gesellschaft hat. Daher schließt sich Herr Ronelli mit seiner Kollegin Frau Yilmaz zusammen, die Physik und Biologie unterrichtet.
Gemeinsam gestalten sie die interdisziplinäre Deeper Learning-Einheit „Wissen & Wahrheit – Woher weiß man...?“. Ihnen ist wichtig, dass sich die Jugendlichen in dieser Einheit eigenständig mit wissenschaftlichem Erkenntnisgewinn befassen – dafür wollen die beiden Lehrkräfte zunächst ein solides Wissensfundament vermitteln.

Zu Beginn der Einheit weckt Kurt Ronelli das Interesse der Jugendlichen, indem er mit ihnen den Zeitungsartikel ‚Die heiße Sonne‘ diskutiert, worin ein Wissenschaftler den Klimawandel auf eine erhöhte Sonnenaktivität zurückführt und menschengemachte Klimaveränderungen abstreitet. Da dies im extremen Kontrast zu den Aussagen vieler anderer Wissenschaftler:innen steht, kommen essenzielle Fragen auf wie: „Wie können wir wissen, wessen Aussagen der Wahrheit entsprechen?“ und „Wie entstehen wissenschaftliche Erkenntnisse?“. Anschließend führt Herr Ronelli, gestützt durch ein Video, in die zentralen Konzepte der ‚Theorie des Wissens‘ ein. Hierbei verdeutlicht er den Jugendlichen, dass es verschiedene Wissensgebiete gibt und je nach Wissensgebiet unterschiedliche Wege des Wissenserwerbs gewählt werden können. Die Jugendlichen lernen die Unterscheidung von geteiltem Wissen und persönlichem Wissen kennen und erfahren, welche Qualitätskriterien an geteiltes Wissen gestellt werden. Am Ende der ersten Phase ergänzen und sortieren die Lernenden eine Konzept-Mindmap, die sie zu Beginn der Einheit angelegt hatten.
Frau Yilmaz und Herr Ronelli können daran erkennen, das die Lernenden wesentliche Konzepte verstanden haben und sie nun darauf aufbauen können.

Während einer Deeper Learning-Einheit gehen die Lernenden kreativ mit komplexen Herausforderungen um und knüpfen mit eigenen Ideen an Wissensbestände an. Sie werten beispielsweise eine Umfrage zum Mediennutzungsverhalten Jugendlicher aus oder setzen sich damit auseinander, wie die Öffentlichkeit über Impfstoffe aufgeklärt werden kann. Dazu benötigen sie ein solides Wissensfundament, denn fachliches Vorwissen ist von entscheidender Bedeutung für das erfolgreiche Bearbeiten von anspruchsvollen Aufgaben und das Lösen von Problemen (Schneider & Stern 2010; Sliwka & Klopsch 2022, S. 87).

Deshalb geht es in Phase I darum, Vorwissen zu aktivieren und den weiteren Aufbau der nötigen kognitiven Strukturen sowie Wissensinhalte, anzuregen und sicherzustellen (Sliwka & Klopsch 2022, S. 24). Das ermöglicht es den Lernenden, diese Wissensbasis zu nutzen, um in der nächsten Phase kreativ zu arbeiten und gemeinsam komplexe Herausforderungen zu meistern. Als Lehrkraft gilt es sicherzustellen, ob es den Lernenden gelingt, sich die wesentlichen Schlüsselkonzepte anzueignen. Zugleich geht es darum, Interesse zu wecken und die Relevanz des Unterrichtsthemas für die Lernenden zu verdeutlichen.

Wie kann die Phase der Instruktion und Wissensaneignung gestaltet werden?

Lernziel für Schüler:innen

Man kann sich eine Deeper Learning-Einheit ein wenig wie eine Expedition vorstellen. Während der Phase der Aneignung und Instruktion wird die Klasse auf eine Expedition in noch unbekannte und möglicherweise komplexe und herausfordernde Lernwelten vorbereitet. Im Mittelpunkt dieser Phase stehen das Verstehen von fachlichen Schlüsselkonzepten und der Aufbau eines stabilen Wissensfundaments.

Kurz erklärt: Wissensfundament

Ein Wissensfundament besteht aus wichtigen Wissensbeständen, Schlüsselkonzepten und methodischen Fertigkeiten, die für den weiteren Lernweg bedeutend sind. Es steckt den Mindeststandard ab, den die Schüler:innen nach Phase I erreichen müssen und bleibt dabei nach oben offen. Ein Wissensfundament soll Grundlagen schaffen, aber Wissbegierde, inhaltliche Tiefe und Engagement nicht „nach oben" deckeln.

Die Lernenden benötigen mindestens diese Wissensbasis, um die nächsten Phasen erfolgreich meistern zu können und sich selbst weiterführende Expertise anzueignen. Ein solides Wissensfundament ist eine wichtige Voraussetzung für eine wirklich tiefgehende Auseinandersetzung, die dann auch in der authentischen Leistung deutlich wird.

Wissen im Gepäck

Grundgedanke dieser Phase ist, Wissen zu vermitteln, welches die Schüler:innen benötigen, um ihren Lernweg möglichst selbstbestimmt und kompetent zu gestalten. Zudem geht es darum, Neugierde und Interesse zu wecken und zentrale, fachliche oder überfachliche Konzepte (z.B. Fotosynthese, Zahl, Märchen, Ökosysteme, Gerechtigkeit, Kohlenwasserstoffe) zu verstehen.

Vom Vorwissen zum Wissensfundament

Alle Lernenden bringen unterschiedliches Vorwissen mit. Oftmals haben sie bereits eine von alltäglichen Erfahrungen geprägte Vorstellung der zentralen Begriffe und Konzepte eines Themenfeldes (z.B. Revolution, Pandemie). In Phase I des Deeper Learning werden die unterschiedlichen Vorstellungen in ein gemeinsames, fachlich fundiertes und strukturiertes Verständnis überführt. Auf Basis dieses gemeinsamen Verständnisses kann eine personalisierte Vertiefung in Phase II gelingen. Ohne ein Verständnis von Schlüsselinhalten oder essenziellen methodischen Kenntnissen ist in Phase II kein tiefes Lernen möglich. Das Sicherstellen des Wissensfundaments ist somit ein wesentlicher Checkpoint für alle Lernenden. Sollten nicht alle Lernenden das Wissensfundament erreichen, benötigen sie gezielte Unterstützung, um diese Basis ebenfalls aufzubauen.

Ideensammlung - Wissensfundament nachweisen

Wissensfundament im Check

Wege um sicherzustellen, dass alle Lernenden ein solides Wissensfundament erreicht haben:

- Gamification: Quiz, Spiel, Wettkampf, Escape Game
- Mindmap, Konzeptmap erstellen
- PowerPoint-Karaoke (spontanes Erklären von auf Folien erscheinenden Abbildungen von Schlüsselkonzepten)
- Pitch, Mikro-Präsentation (kurze, präzise Vorstellung von Schlüsselkonzepten)
- Gestaltung einer Pinnwand oder einer visuellen Übersicht
- Klasseninterview, Gespräch
- Portfolio, Logbuch

Welche Lernwege können wir in Phase I eröffnen?

Zugänge zu Wissen und damit Wege zum Wissensfundament lassen sich in unserer digitalen Lebenswelt auf vielfältige Weise eröffnen und so Lernwege schon in Phase I personalisieren (Sliwka & Klopsch 2022, S. 181). Als gemeinsames Unterrichtsangebot ist es neben dem klassischen Lehrer:innenvortrag auch möglich, andere Expert:innen (analog oder digital) in den Unterricht einzuladen. Außerdem können die Lernenden während instruktiver Sequenzen auf passende Videos zurückgreifen. So müssen Sie als Lehrkraft nicht immer alles selbst erklären. Ergänzend lohnt es sich, erklärende Medien (Bücher, Videos, Filme, Websites, Zeitschriften, Zeitungen, Blog-Einträge, Podcasts etc.) als Selbstlernmaterial über eine Lernplattform[1] zur Verfügung zu stellen. Wenn Schüler:innen mit zu ihnen passenden Lernressourcen arbeiten, werden sie gemäß ihrer Leistungsvoraussetzungen gefördert (Sliwka & Klopsch 2022, S. 47 f.).

Unterschiedliche Lernwege führen zum Wissensfundament

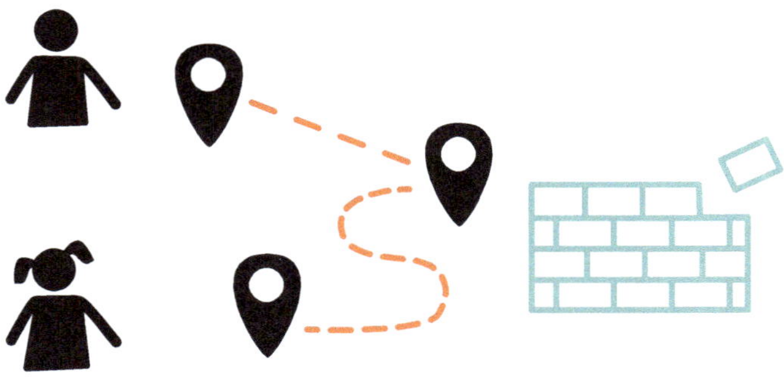

Abbildung 6: Wege zum Wissensfundament

Facetten der Personalisierung

Kurz erklärt: Personalisierung
Paula lernt besonders gern mit englischsprachigen Erklärvideos, also nutzt sie dieses Angebot, zieht ihre Kopfhörer über die Ohren und schafft sich eine für sie passende Lernumgebung.

Personalisiertes Lernen trägt „den Fingerabdruck der Lernenden" (Schratz et al. 2011, S. 26). Innerhalb der Pädagogik des Deeper Learning, lassen sich unterschiedliche Facetten der Personalisierung (Stebler et al. 2018; Stebler et al. 2021) verwirklichen:

- Lehrkräfte unterbreiten Schüler:innen wie Paula etwa ein **passgenaues Lernangebot** (Stebler et al. 2021, S. 403). So kann Paula beim Recherchieren dasjenige Medium wählen, das ihren persönlichen Lernvorlieben entspricht.
- Lehrkräfte versuchen, Lernende wie Paula „in ihrer **Persönlichkeit** ganzheitlich zu **fördern**" (Stebler et al. 2018, S. 165). Neben dem Zuwachs des Fachwissens erkundet Paula beim Deeper Learning eigene Talente, lernt auf kreativen Lernpfaden, positioniert sich kritisch und meistert Herausforderungen im Team.
- Durch das Ermöglichen von Voice & Choice (Hobday 2012) gelingt es, „**selbstgesteuertes Lernen** auf **eigenen Wegen** [zu] ermöglichen" (Stebler et al. 2018, S. 165). Dabei darf Paula bestimmte Lernentscheidungen selbst treffen und erhält die Gelegenheit, ihr Lernen mehr und mehr mitzugestalten.
- Paula wird weiterhin von ihren Lehrer:innen als **Verantwortliche** ihres eigenen Lernens ernst genommen und im Verlauf des Lernprozess wird das Wahlthema zu ihrem Thema (Stebler et al. 2018, S. 165).
- Paula, Simon und Mohammad haben sich als Team zusammengetan und bleiben im Dialog mit den Lehrkräften. So lernen sie in **unterstützenden Lerngemeinschaften** miteinander und voneinander (Stebler et al. 2018, S. 165).

1) Die folgenden Kapitel möchten wir so verstanden wissen, dass unabhängig von der schulischen Ausstattung viele Deeper Learning-Elemente umsetzbar sind! Eine Infrastruktur erweitert lediglich die Möglichkeiten. Wenn Sie also keine optimalen Bedingungen vorfinden, möchten wir Sie ermutigen, gerade deshalb weiterzumachen, sodass für die Zukunft der Schule Lernumgebungen ganz selbstverständlich ganzheitlich gestaltet werden, inklusive digitaler Erweiterung.

Personalisierte Lernwege zum Wissenaufbau

Personalisierung bedeutet beim Deeper Learning auch, dass Lernwege unterschiedlich aussehen. So nutzen Schüler:innen, die ein Konzept noch nicht verstanden haben, etwa Texte in einfacherer Sprache oder sehen sich Videos mehrmals an. Zugleich können fortgeschrittene Schüler:innen auf anspruchsvolles Material, etwa aufgezeichnete Vorlesungen oder Videos auf einer Fremdsprache zurückgreifen. So ermöglicht die Digitalisierung eine differenzierte Bereitstellung von Wissenszugängen für Schüler:innen mit unterschiedlichen Lernvoraussetzungen.

Lehrkräftehandeln in Phase I

Um die Lernwege der Schüler:innen in Phase I optimal zu unterstützen sind verschiedene Facetten professionellen Lehrer:innenhandelns wichtig (Collins, Brown & Newman 1989; Sliwka & Klopsch 2022, S. 152 ff.). Lehrkräfte leiten zum einen die Konstruktion von wichtigen, fachlichen Konzepten an. Zum anderen können sie personalisierte Wissens- und Lernzugänge anbieten. Zudem initiieren sie ein gemeinsames Lern- und Aneignungsangebot für alle Lernenden. Sie behalten darüber hinaus im Blick, dass alle Lernenden die wesentlichen Konzepte auch richtig verstanden haben, sodass sie sich in der nächsten Phase auf ihre eigenen Lernpfade begeben können.

Kurzgefasst: Lernwege in Phase I

- gemeinsames Angebot im Unterricht (erklären, üben, Neugier wecken, gemeinsam Beispiele besprechen, eine Konzeptwand/ein Glossar anlegen, etc.)
- Expert:inneninputs (z.B. Lehrkraft, Polizist:in, Unternehmer:in, Wissenschaftler:in, etc.)
- außerschulische Lernorte besuchen (z.B. Zoos, Museen, Gericht, Unternehmen, Organisationen vor Ort, etc.)
- Lernmaterial analog oder über eine Lernplattform zur Recherche zur Verfügung stellen (Personalisierungsmöglichkeit)

Zeit - Wie lange dauert Phase I?

Phase I umfasst zumeist etwas weniger als 1/3 der Zeit, die für die gesamte Unterrichtseinheit vorgesehen ist. Bei Bedarf können auch kurze instruktive Sequenzen während der Phase der Ko-Konstruktion und Ko-Kreation erfolgen. Diese Kompetenzbausteine richten sich dann oftmals flexibel an Teilgruppen.

Übergang in Phase II

Schnittstelle zum Übergang in Phase II ist der Nachweis des Wissensfundaments. Schüler:innen zeigen damit, dass sie bereit dazu sind, tiefgreifendes, weiterführendes Wissen zu erarbeiten. Nun geht es für die Lernenden darum, eine eigene Fragestellung oder Aufgabe auszuwählen und ein Team zum Bestreiten dieser Herausforderung zu finden.

Reflexion
Auf welche Weise haben Sie schon einmal ein Wissensfundament überprüft?

Welche außerschulischen Angebote oder Ressourcen würden Sie gern einmal mit Ihrer Lerngruppe nutzen?

Phase II: Ko-Konstruktion und Ko-Kreation - Herausforderungen gemeinsam bewältigen

Blick ins Klassenzimmer:
Deeper Learning-Einheit: „Wissen & Wahrheit – Woher weiß man…?“ – Phase II

Nachdem die Jugendlichen die grundlegenden Konzepte der ‚Theorie des Wissens' verstanden haben, wählen sie in der Phase der Ko-Konstruktion und Ko-Kreation nach eigenen Interessen eine Vertiefungsrichtung (Prinzip des Voice & Choice). Im Modul ‚Klimawissenschaft, befassen sich die Schüler:innen näher mit den Methoden des Wissenserwerbs in der Physik und im Modul ‚Impfungen' mit denen der Biologie. Lernende, die sich mit der Bedeutung wissenschaftlicher Erkenntnisse und geteilter Fakten für die Gesellschaft befassen wollen, wählen das Modul ‚(Fake-)News'.

In allen Modulen erarbeiten sich die Jugendlichen in Kleingruppen ein tieferes Verständnis. Die Lernenden nutzen dabei verschiedene Zugänge und Materialien, die ihnen das Lehrkräfteteam zur Verfügung stellt (z.B. Aufgaben und Fragen zur Einführung, Projektmanagementtipps). Im Modul ‚Klimawissenschaft' lädt Frau Yilmaz gemeinsam mit der Lerngruppe eine Klimaforscherin ein. Die Lernenden erfahren so praxisnah, wie der Alltag einer Forscherin aussieht, mit welchen Methoden das Klima der Vergangenheit untersucht wurde, und wie daraus Prognosen über zukünftige Klimaveränderungen abgegeben werden können. Zudem lesen die Lernenden verschiedene Artikel, die Belege des anthropogenen Klimawandels darstellen. Frau Yilmaz unterstützt die Jugendlichen bei Fragen zu physikalischen Vorgängen, wie der Absorption von elektromagnetischer Strahlung und dem Treibhauseffekt.

Im Modul ‚Impfungen' vertiefen die Lernenden ihr Wissen mit Erklärvideos zur Funktionsweise des Immunsystems und von Impfungen. Sie recherchieren zur Geschichte der Impfungen (z.B. Pocken, Masern) und erklären sich gegenseitig wesentliche Meilensteine der Geschichte der Impfung, indem sie sich die Hauptdarsteller:innen der Impfgeschichte (z.B. Edward Jenner, Robert Koch, Uğur Şahin und Özlem Türeci) und deren Erkenntnisse vorstellen. Im nächsten Schritt befassen sie sich mit Wirksamkeitsstudien und dem Zulassungsverfahren von Impfstoffen.

Die Phase der Ko-Konstruktion und Ko-Kreation betont Lernen als sozialen Prozess, der durch das gemeinschaftliche Zusammenwirken von Partner:innen zustande kommt (Co- Agency).

Kurz erklärt: Ko-Konstruktion und Ko- Kreation
Ko-Konstruktion beschreibt die gemeinsame Wissensaneignung, indem Vorwissen, Fähigkeiten und Kompetenzen der involvierten Lernenden und Lehrenden zusammen weiterentwickelt werden. Bei dieser intensiven Teamarbeit erschließen sich alle Beteiligten neues Wissen.
Ko-Kreation nutzt den Ideenreichtum und die kreativen Synergien, die sich durch die Zusammenarbeit der Teammitglieder ergeben. Gemeinsam wird etwas entworfen, verworfen und letztendlich eine Lernleistung kreiert.

Lernen im Team

Es bestehen sowohl Lernpartnerschaften zwischen den Schüler:innen als auch zwischen den Lernenden und Lehrenden. Die Lehrkräfte (oder bei Bedarf weitere Expert:innen) unterstützen die Lernenden beim gemeinsamen Gestalten des Lernprozesses auf unterschiedliche Weise. Dabei können die Schüler:innen eigenständige Entscheidungen über ihr Lernen und Handeln treffen. Die Lehrkräfte verstehen sich als Mitlernende (Sliwka & Klopsch 2022, S. 119).

Komplexe Lernherausforderungen bewältigen

Im Vordergrund dieser Phase stehen die Erkundung und Erforschung von komplexen Zusammenhängen, die kreative und problemlösende Arbeit mit Wissensbeständen und die Konstruktion von vertiefendem Wissen durch eigenes Handeln. Dies gelingt, wenn die Schüler:innen gemeinsam an einer komplexen Aufgabe arbeiten, die oft ein schöpferischer und performativer Charakter auszeichnet – beispielsweise die Dekonstruktion von Fake News zum Klimawandel und die Produktion eines Video-Blogs hierzu. Es geht dabei nicht nur um kognitive Verarbeitung, sondern auch darum, praktische Weltaneignung durch authentisches Handeln zu erleben.

Blick ins Klassenzimmer:
Deeper Learning-Einheit: „Wissen & Wahrheit – Woher weiß man...?“ – Phase II

Im Modul ‚(Fake-)News‘ spielt eine Kleingruppe auf Anregung von Herrn Ronelli das Online-Spiel „Fake it to make it" und untersucht, wie eine Nachricht gestaltet sein muss, um besonders oft angeklickt zu werden und damit höhere Werbeeinnahmen zu versprechen. Eine andere Kleingruppe lernt mithilfe der App „Fake News Check", anhand welcher Kriterien Fake News erkannt werden können. Die beiden Gruppen tauschen sich aus und ergänzen einander. Gemeinsam beschließen sie, einen Journalisten, der als ‚Faktenchecker‘ arbeitet zu interviewen – Herr Ronelli unterstützt sie bei der Organisation des Videogesprächs.

Im zweiten Teil der Phase der Ko–Konstruktion und Ko-Kreation folgt der nächste Vertiefungsschritt. Die Lernenden, die sich zuvor mit naturwissenschaftlichen Fragestellungen befasst haben, dürfen sich nun entscheiden: Sie können entweder die erlernten wissenschaftlichen Methoden zum Erkenntnisgewinn selbst anwenden – etwa indem sie eine physikalische Fragestellung anhand der wissenschaftlichen Methode ergründen und hierzu einen Forschungsbericht verfassen. Oder sie analysieren gemeinsam mit den Lernenden, die sich auf Fake News ‚spezialisiert‘ haben, Falschmeldungen ihres untersuchten Fachgebietes. Dabei beantworten sie Fragen wie: „Was ist an dieser Meldung typisch für eine Falschmeldung?“, „Welche Motivation könnte der Verbreitung der Nachricht zugrunde liegen?“ oder „Wie ist die tatsächliche Faktenlage?“. Sie erstellen einen (Video-)Blog, in dem sie Faktenchecks durchführen.

21st Century Skills trainieren

Während der Phase der Ko-Konstruktion und Ko-Kreation eignen sich die Lernenden auch bedeutsame überfachliche Kompetenzen für das 21. Jahrhundert an – etwa die 4K: Kommunikation, kritisches Denken, Kooperation und Kreativität (Sliwka & Klopsch 2022, S. 13; Sterel et al. 2018). Alle 4K entstehen in Gelegenheitsstrukturen, die dazu beitragen „auf vielfältige Weise zu kommunizieren, Ideen und Theorien kritisch zu durchdenken und mit anderen zusammen an kreativen Problemlösungen zu arbeiten" (Martinez & McGrath 2014, S. 77) – und dabei potenziell auch zu scheitern (Trilling & Fadel 2009).

Adaptives Unterrichten

In Phase II arbeiten die Schüler:innen in kleinen Teams und zeitweise auch allein. Die Lehrkräfte unterstützen dabei punktuell und fördern damit den Aufbau kognitiver Strukturen und sozialer sowie metakognitiver Fähigkeiten. Außerdem unterstützen sie die projektorientierte Arbeit der Lernenden durch fachliche und pädagogische Expertise. Dabei ist Flexibilität und Adaptivität erforderlich (Hatano & Inagaki 1984), denn es muss situationsabhängig auf Fragen, Lernblockaden der Lernenden und Konflikte in den Teams reagiert werden, um den Fortschritt des Lern- und Arbeitsprozesses sicherzustellen (Sliwka & Klopsch 2022, S. 77). Die professionelle Arbeit der Lehrkräfte wird dadurch komplexer, zugleich liegt darin eine Chance, viel Freude und spannende Entdeckungen als Ko-Konstrukteur:in oder Lernberater:in mitzuerleben.

Phase III: Authentische Leistung – Arbeitsergebnisse einem Publikum darbieten

Blick ins Klassenzimmer:
Deeper Learning-Einheit: „Wissen & Wahrheit – Woher weiß man...?" Phase III
Je nachdem, für welche Spezialisierung sich die Lernenden in der Phase der Ko-Konstruktion und Ko-Kreation entschieden haben, unterscheiden sich ihre authentischen Lernleistungen. Die Jugendlichen, die eine Forschungsfrage wissenschaftlich untersucht haben, stellen ihren Forschungsbericht in einem Kurzvortrag vor. Herr Ronelli und Frau Yilmaz geben hierbei Hilfestellung, damit die Kurzpräsentationen im Stil einer wissenschaftlichen Konferenz gestaltet werden können. Die anderen Lernenden, die Falschnachrichten über Impfungen oder den Klimawandel untersucht und widerlegt haben, erstellen einen Online-(Video-)Blog mit ihren Ergebnissen.

Auf einer abschließenden Konferenz stellen alle Gruppen ihre Ergebnisse einander vor. Die Jugendlichen diskutieren miteinander, welche Merkmale wissenschaftlichen Erkenntnisgewinn auszeichnen, welche Bedeutung objektiv wahre Fakten für die Gesellschaft haben und wie und warum Falschnachrichten verbreitet werden. Die Lernenden reflektieren darüber, wie die Deeper Learning-Einheit sie selbst und andere stärker gegenüber Fake News sensibilisiert hat.
Zudem diskutieren die Lernenden und die beiden Lehrkräfte gemeinsam, wodurch in der Deeper Learning-Einheit ein tieferes Verständnis erworben werden konnte und wo Verbesserungsbedarf besteht. Diese Reflexion ist sowohl für die Lernenden als auch für Herrn Ronelli und Frau Yilmaz hilfreich. Sie möchten die Deeper Learning-Einheit weiterentwickeln und nächstes Schuljahr erneut durchführen!

In der Lebenswelt wirksam

Deeper Learning mündet in der dritten Phase darin, dass die Lernenden die authentischen Leistungen, die sie in Phase II erarbeitet haben, darbieten. Authentische Leistungen sind in die reale Lebenswelt eingebettet und in dieser wirksam (Sliwka & Klopsch 2022, S. 27). In der Regel sind authentische Leistungen Produkte wie ein selbst gebautes Flugobjekt, ein Video über die Folgen des Klimawandel, ein Blog-Eintrag zur Monarchie in Großbritannien, ein selbst designtes Möbelstück oder gar ein selbst gebrautes Bier. Auch Performanzen wie eine Tanzaufführung mit einer Choreagraphie über Armut oder eine Podiumsdiskussion über Kriminalität im städtischen Raum sind möglich. Es geht darum, dass Lernende die Realität wirksam beeinflussen oder für sich selbst eine sinnstiftende Dimension im Lernen entdecken können.

Lernzuwachs zeigen

Die Deeper Learning-Einheit erreicht ihren Höhepunkt, wenn alle authentischen Leistungen fertiggestellt sind und (schul-)öffentlich vorgestellt werden (Sliwka & Klopsch 2022, S. 128). Ebenfalls notwendig ist es, das Ergebnis sowie den Prozess der Leistungserbringung zu reflektieren und in einem Gespräch über die Leistung die fachliche Durchdringungstiefe zu beleuchten (Sliwka & Klopsch 2022, S. 134).

In einer Deeper Learning-Einheit gehen also Instruktion und Aneignung (Phase I) mit Ko-Konstruktion und Ko-Kreation (Phase II) Hand in Hand, um eine authentische Leistung (Phase III) zu ermöglichen (Sliwka & Klopsch 2022, S. 69). Dabei gilt es den Lernenden transparent zu machen oder mit ihnen auszuhandeln, welche Qualitätskriterien, wie etwa fachliche und überfachliche Aspekte, von einer authentischen Leistung – egal in welcher Form sie erbracht wird – erwartet werden.

Vielfalt des Lernens

Ideensammlung für authentische Leistungen

- Rede, Debatte, Podiumsdiskussion, Vortrag, Diskussionsforum, Präsentation
- Zeitungsartikel, Zeitschriftenbeitrag, E-Book-Beitrag, Gedicht, Poetry Slam, (E-)Portfolio, Booklet, Thesenpapier, Ausarbeitung, Brief, Chat-Verlauf, Flyer, literarische Figuren entwickeln, Geschichten/Bücher (um-)schreiben
- Video, Film, Vlog, Dokumentation, Tutorial, Let's Play-Video, Imagefilm, Werbespot, Interview, Tagesschau-Beitrag
- Poster, Sketchnotes, Infografik, (Interaktive) Grafiken, Pop-Up-Buch, Animation, Meme, (Foto-)Reportage, Kollage, Comic, Graphic Novel
- Podcast, Audioguide, Hörspiel
- Wissenschaftlicher Artikel, wissenschaftliches Poster, Studie, Umfrage, Experiment, Laborprotokoll, Science-Slam, Faktencheck
- App, Konstruktionsplan, Erfindung, Konstruierte Maschine, Roboter
- Social-Media-Post (Story, Reel etc.), Blog-Beitrag
- Modell (digital/analog), (Design-/Kunst-)Objekt, Moodboard
- (Digitale) Exkursion, Geocaching-Route, Stadtführung
- Mahlzeiten, Getränke
- Training, Trainingsplan, Workshop gestalten
- Spiel, Quiz, Escaperoom
- Start-Up-Gründung, Businessplan, Pitch (kurze Präsentation einer Idee), Konzept, Strategie
- Gestaltung eines Ortes (Garten, Denkmal, Infotafeln)
- Demonstration
- Gemeinnütziges Projekt/Engagement
- Website, Web-Quest
- Tanz, Choreographie, Sketch, Theaterstück, Satire, Stand-Up-Comedy
  Spickzettel, Visual Summary

Ideen für Veröffentlichungsformate

- Event, Ausstellung, Projektmesse, Vorführung
- Vernissage, Lesung, Konzert, Gala
- (Schul-)Homepage
- Regionale Tageszeitung
- Wettkampf
- Kampagne

Reflexion
Wodurch können die Lernenden Ihnen zeigen, dass sie sich tiefgehend mit dem Unterrichtsthema auseinandergesetzt haben?

Welche authentischen Leistungen sind in Ihrem Fachbereich denkbar?

Beispiele von Schüler:innen

Hinter diesen Links verstecken sich digitale authentische Leistungen von Schüler:innen der Ehrhart-Schott-Schule (Schwetzingen):

- https://lernplattform.esss.de/seminarkurs-best-practice-von-schuelern
- https://lernplattform.esss.de/ggk-best-practice-schueler

Kurz erklärt: Authentische Leistung und Leistungsrückmeldung

Beim Deeper Learning werden authentische Lernleistungen erbracht, durch die die Schüler:innen ihr erlangtes Wissen zeigen.
Das Arbeitsergebnis entsteht nicht in einer zeitlich eng gefassten Prüfungssituation, sondern in einem längeren Prozess. Während des Lern- und Arbeitsprozesses stehen die Lernenden als aktive Gestalter:innen im Fokus und erhalten regelmäßig Rückmeldung zu ihrem Lernstand. Die Leistungsentwicklung erfolgt also dialogisch, durch Peer-Feedback oder formatives Feedback durch die Lehrkraft (Sliwka & Klopsch 2022, S. 51).
Als authentische Leistungen kommen eine Vielzahl möglicher Ergebnisse infrage, die je nach Fachbereich, Interessen sowie Fähigkeiten und Fertigkeiten der Lehrkräfte und Lernenden ausgewählt oder durch die Lernenden selbst entwickelt werden.
Das Vorstellen der Ergebnisse erfolgt in einem möglichst authentischen Kontext, beispielsweise vor einem echten Publikum. Dieser wertschätzende Abschluss rundet, neben einem reflektierenden Gespräch, die authentische Leistungserbringung ab und schließt die Einheit (Sliwka & Klosch 2022, S. 129).
Der gesamte Arbeitsprozess wird bei der Bewertung berücksichtigt. Das macht deutlich, dass Lernherausforderung, Arbeitsprozess und Bewertung beim Deeper Learning zu einer Einheit, der authentischen Leistung, verschmelzen. Insgesamt liegt neben dem Lernprodukt ein besonderes Augenmerk auf dem Engagement und der persönlichen Entwicklung der Lernenden sowie der Darstellung der Ergebnisse nach außen.

Lust auf Deeper Learning durch Themenvielfalt

Ideensammlung: Deeper Learning-Einheiten
Deeper Learning-Einheiten eignen sich für die gesamte Bandbreite möglicher Themenfelder. Neben Standardthemen der Bildungspläne und Schulcurricula eignen sich vor allem fächerübergreifende komplexe Themen, die multiperspektivisch betrachtet werden können.
Beispiele hierfür sind:

- **Märchenhafte Zeiten**: Märchenfiguren kreieren und ein eigenes Märchen verfassen
- **DDR und BRD im Porträt**: BRD und DDR mit Social-Media-Storys vergleichen
- **Klima-Nudge**: Lösungen für die direkte Umgebung entwickeln, die klimafreundliches Handeln attraktiver machen
- **Robotics**: Einen Roboter entwickeln, der Menschen auf eine bestimmte Weise unterstützen kann
- **Betörende Aromen**: Entwicklung eines Parfüms (Duft des Frühlings/weihnachtlicher Duft)
- **Praktischer Prototyp**: Entwicklung eines Handyhalter-Prototypen aus Kunststoff
- **Städte gestalten**: Lernende bauen Stadtmodelle, die den stadtplanerischen Idealen verschiedener Zeiten entsprechen
- **Speak for the Planet:** Gefährdeten Arten oder Ökosystemen eine Stimme geben

Reflexion
Welche Streitfragen, Phänomene oder gesellschaftlichen Debatten passen zu Ihrem Fach?

Welche komplexen Aufgaben oder Problemstellungen fallen Ihnen spontan zu einem Ihrer Fächer ein?

1.4 Qualitätskriterien des Deeper Learning

Qualitätskriteriensammlung

Diese Sammlung von acht Qualitätskriterien nach Sliwka und Klopsch (2022, S. 28 f.) fängt die Essenz von Deeper Learning in allen drei Phasen ein und hilft Ihnen dabei, gehaltvolle Deeper Learning-Einheiten zu entwickeln:

Dynamischer Dreiklang: Unterrichtsdesign in Phasen

Eine Deeper Learning-Unterrichtseinheit verläuft über einen längeren Zeitraum (von mehreren Tagen oder sogar Wochen). Sie entwickelt ihre Dynamik entlang der drei Phasen: Wissensaneignung und Instruktion (Phase I), Ko-Konstruktion und Ko-Kreation (Phase II) und einer authentischen Leistung (Phase III). In der vorgeschalteten Co-Designphase werden Unterrichtseinheiten als kohärente Sinneinheiten konzipiert. Das bedeutet, dass bei der Entwicklung von Unterrichtsdesigns Lernerfahrungen und -settings so gestaltet werden, dass das Wissensfundament, Inhalte, Leistungen und deren Überprüfung über die Phasen hinweg zueinander passen.

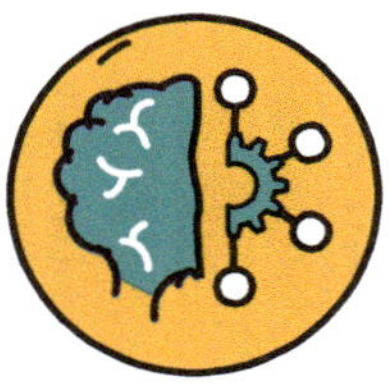

Wissensarchitektur

Dem Deeper Learning liegt eine aufeinander abgestimmte Wissensarchitektur zugrunde. Diese ermöglicht Lernenden, sich systematisch konzeptuelles, deklaratives, prozedurales und metakognitives Wissen anzueignen. Bei der Vorbereitung von Deeper Learning-Einheiten arbeiten Lehrkräfte in Teams zusammen und planen gezielt den Aufbau dieses Wissens. In Phase I sollen sich die Lernenden durch direkte Instruktion vor allem konzeptuelles Wissen (fachliche Schlüsselkonzepte) aneignen. In Phase II eignen sie sich weiterführendes deklaratives Wissen an und erwerben in der ko-konstruktiven Arbeit prozedurales Wissen. Gelegenheiten zur metakognitiven Reflexion stärken den Lernprozess der Schüler:innen. In Phase III sind die Lernenden in der Lage, ihren Wissensaufbau metakognitiv zu reflektieren.

21st Century Skills

Die ko-konstruktive und ko-kreative Arbeit der Lernenden mit Wissen mündet in der Erarbeitung unterschiedlicher authentischer Leistungen. Damit schaffen Deeper Learning-Einheiten einen Erfahrungsraum, in dem Lernende durch eigenes Handeln die 21st Century Skills Kommunikation, Kooperation, kritisches Denken und Kreativität trainieren.

Kooperatives Unterrichtsdesign und kooperative Professionalität

In der Vorbereitung und Durchführung von Deeper Learning-Einheiten arbeiten die Lehrkräfte in Teams zusammen, die von kooperativer Professionalität geprägt sind. Sie nutzen ihre unterschiedlichen Expertisen komplementär für das kooperative Design von anspruchsvollen Deeper Learning-Einheiten. Während der Unterrichtseinheiten begleiten sie die Lernenden als Team, um durch ihre eigene Heterogenität der Vielfalt der Lernprozesse und Persönlichkeiten gerecht zu werden.

Dynamische und adaptive Rollen von Lernenden und Lehrkräften

Nachdem Lehrkräfte Deeper Learning-Einheiten professionell geplant und vorbereitet haben, verändert sich ihre Rolle. Sind sie zu Beginn noch Wissensvermittler:innen, werden sie zunehmend zu Lernbegleiter:innen, wenn die Lernenden sukzessive mehr Verantwortung für ihren Lernprozess übernehmen und den Lernprozess in Phase II und III entscheidend mitgestalten. Dieser Abbau der Machtasymmetrie zwischen Lehrkräften und Schüler:innen ist ein erklärtes Ziel von Deeper Learning. Es geht darum, dass die Lernenden fachliche Expertise aufbauen, sich als selbstwirksam und zunehmend kompetent erleben (Mastery) und durch eigenes Handeln und eigene Entscheidungen (Voice & Choice) ihre persönliche Identität beim aktiven Lernen mit anderen (Co-Agency) entdecken.

Authentische Leistungen

Die Schüler:innen erarbeiten im Team und/oder individuell authentische Leistungen, die in der Lebenswelt sichtbar und wirksam sind. Die Leistungen können dabei in einer Vielzahl von Produkten und Performanzen sichtbar werden, die weit über traditionelle Leistungsformate hinausreichen. Ein pluralistisches Leistungsverständnis sowie klare und explizite Lernziele bilden dazu die Grundlage.

Leistungsentwicklung

Lehrkräfte sind den Lernenden gegenüber präsent, aufmerksam und zugewandt. Statt der Leistungsbewertung am Ende einer Lehr-Lerneinheit betonen Deeper Learning-Einheiten die prozessbegleitende, dialogische Leistungsentwicklung. Die Lehrkräfte unterstützen die Arbeits- und Lernprozesse der Schüler:innen kontinuierlich und adaptiv. Sie nutzen formatives Feedback und regen durch Hilfe zur Selbsthilfe (Scaffolding) eine hohe Qualität der Lernergebnisse an. Leistung entwickelt sich im Dialog. Die Lernziele sind als Mindeststandards formuliert. So bleibt die Lernentwicklung einzelner Schüler:innen nach oben offen. Zusätzlich schaffen die Mindeststandards den nötigen Freiraum, um Leistung in Abhängigkeit von besonderen Interessen, Bedürfnissen und Talenten der Schüler:innen zu personalisieren.

Hybride Lernumgebung

Deeper Learning findet in hybriden Lernumgebungen statt. Die traditionelle schulische Lernumgebung wird dabei durch außerschulische Lernumgebungen und die digitale Welt erweitert, um vielfältige Lernzugänge zu ermöglichen. Jede Deeper Learning-Einheit spiegelt sich zudem in einer digitalen Lernumgebung (Lernplattformen oder Lernmanagementsystem) wider, die von den Lehrkräften gemeinsam vorbereitet und im Prozess aktualisiert wird.

Raum zum Weiterdenken

Es lohnt sich nach und nach immer mehr dieser Qualitäten im Unterricht aufzugreifen.

Wagen Sie Ihren persönlichen nächsten Schritt:

1. Welches Qualitätskriterium berücksichtigen Sie schon im Unterricht?

2. Welches Qualitätskriterium möchten Sie als nächstes mehr betonen?

2. Kernelemente von Deeper Learning

Tiefer eintauchen

Die Qualitätskriterien näher kennenlernen

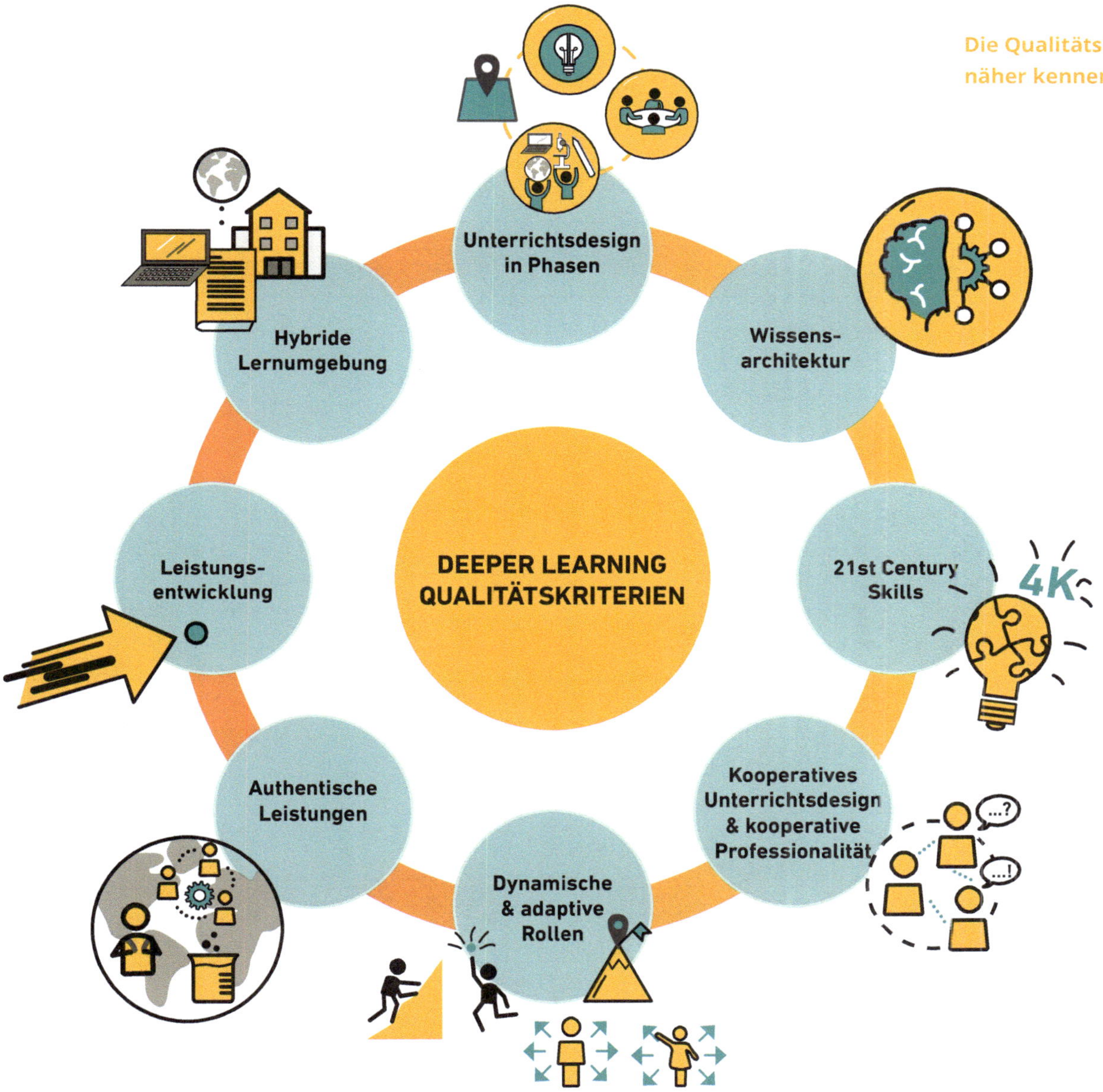

Abbildung 7: Deeper Learning Qualitätskriterien in der Übersicht

In dieses Kapitel können Sie immer wieder eintauchen, sobald Sie mehr über ein Element der Deeper Learning-Pädagogik erfahren möchten. Alle Qualitätskriterien und darin verborgenen Konzepte werden hier anschaulich und knapp erklärt.
Wir starten mit einem Tauchgang in die Welt des Wissens beim Deeper Learning.

2.1 Die Deeper Learning-Wissensarchitektur

Wissen vertiefen

In der digitalisierten Wissensgesellschaft des 21. Jahrhunderts gilt Wissen als zentraler Rohstoff und Voraussetzung für produktives Handeln. „Wissen ist der entscheidende Schlüssel zum Können“ (Stern 2003, S. 12).

Deeper Learning kann nur gelingen, wenn Lernende zum Lösen von Problemen auf Wissensbestände zurückgreifen. Auch kreative Arbeitsprozesse erfordern ein solides Wissensrepertoire. Daher kommt der Wissensaneignung beim Deeper Learning eine zentrale Bedeutung zu (Sliwka & Klopsch 2022, S. 114). Erst wenn ein bestimmtes Wissensfundament vorhanden ist, können Lernende darauf aubauen, es anwenden, neu kombinieren, hinterfragen, zerstückeln, erweitern und in anderen Zusammenhängen zum Einsatz bringen.

Wissensarchitektur

Die Deeper Learning-Wissensarchitektur unterscheidet insgesamt vier verschiedene Dimensionen von Wissen: deklaratives Wissen, konzeptuelles Wissen, prozedurales Wissen und metakognitives Wissen (Anderson et al. 2001; Sliwka & Klopsch 2022, S. 71).

4 Wissensdimensionen

Metakognitives Wissen
ist strategisches Handlungswissen, das dazu beiträgt, den eigenen Lernprozess zu steuern sowie Informationsverarbeitungsstrategien und Problemlösestrategien gezielt anzuwenden.

Beispiel: planen, reflektieren, überarbeiten

Konzeptuelles Wissen
ist vernetztes Begriffswissen. Es zeigt sich beim Sprechen über Prinzipien, Modelle, Schemata, Klassifikationen, Phänomene oder Kategorien.

Beispiele: Gerechtigkeit, Biodiversität, Kurzgeschichte, Beschleunigung

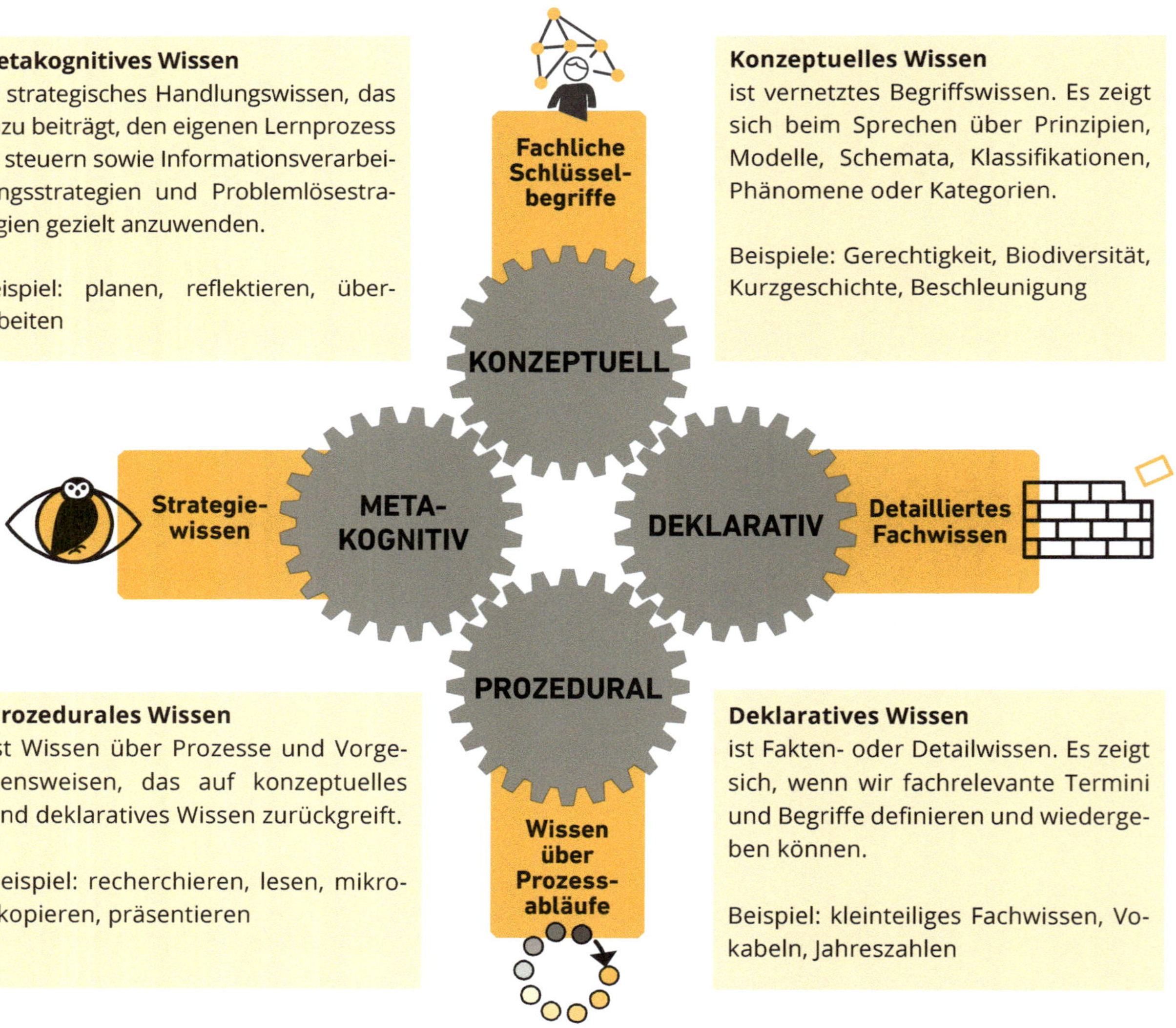

Prozedurales Wissen
ist Wissen über Prozesse und Vorgehensweisen, das auf konzeptuelles und deklaratives Wissen zurückgreift.

Beispiel: recherchieren, lesen, mikroskopieren, präsentieren

Deklaratives Wissen
ist Fakten- oder Detailwissen. Es zeigt sich, wenn wir fachrelevante Termini und Begriffe definieren und wiedergeben können.

Beispiel: kleinteiliges Fachwissen, Vokabeln, Jahreszahlen

Abbildung 8: Die Deeper Learning-Wissensarchitektur (basierend auf Sliwka & Klopsch 2022, S.71)

Planungsbogen – Wissensfundament und seine Vertiefung

Dieser Planungsbogen kann Sie dabei unterstützen, unterschiedliche Wissensdimensionen über die gesamte Einheit hinweg zu berücksichtigen. Skizzieren Sie für jede Phase die Inhalte, die in den Lernprozess integriert sein sollen.

	Phase I: Instruktion und Aneignung	**Phase II: Ko-Konstruktion und Ko-Kreation**	**Phase III: Authentische Leistung**
Konzeptuelles Wissen (Konzepte, Kategorien, Prinzipien, Klassifikationen, wichtige Ideen)			
Deklaratives Wissen (Fakten- oder Detailwissen)			
Prozedurales Wissen (Prozesse, Techniken, Verfahren)			
Metakognitives Wissen (strategisches Handlungswissen)			

2.2 Die 4K: Kooperation, Kreativität, Kritisches Denken, Kommunikation

Auf der Suche nach zukunftsrelevanten Fähigkeiten und Fertigkeiten haben weltweit viele Pädagog:innen, Wissenschaftler:innen und Organisationen aus Politik und Wirtschaft damit begonnen, ihre Ergebnisse in vielfältigen Auflistungen sogenannter 21st Century Skills zu veröffentlichen (Sterel et al. 2018; Trilling & Fadel 2009). Die 4K tauchen dabei als am weitesten verbreiteter Konsens auf.
Die 4K sind „Kompetenzfelder" (Heymann 2021, S. 42). Sie lassen sich kontextunabhängig und bereichsübergreifend einsetzen. Beim Deeper Learning funktionieren sie ein wenig so wie Universalschlüssel für die Verarbeitung und den Transfer von (fachlichen) Wissensbeständen. So helfen die 4K als Skills im Bereich Lernen und Innovieren Schüler:innen dabei, „Prozesse zu realisieren und das eigene Wissen verantwortungsbewusst zur Erreichung von Zielen einzusetzen" (OECD 2020, S. 70).

Kurz erklärt: Kooperation
Kooperation bedeutet, als Gruppe zusammenzuwirken, um ein gemeinsames Ziel zu erreichen. Dabei bringt jedes Teammitglied unterschiedliche Stärken, Fähigkeiten, Perspektiven und Wissen beim gemeinsamen Nachdenken, Handeln und Verfolgen eines geteilten Ziels ein und übernimmt einen Teil der Verantwortung (Boller et al. 2018)

Kurz erklärt: Kreativität
Kreativität wird weitgehend als „Fähigkeit, etwas Neuartiges zu schaffen" (Vollmer 2020, S. 10) verstanden. Dazu gehört es, eigene, originelle, zur Situation oder Herausforderung passende Ideen zu entwickeln (Beghetto & Kaufmann 2013). Das Verknüpfen unterschiedlicher Ideen trägt dazu bei, Neues hervorzubringen und innovative Lösungen zu gestalten (Sterel et al. 2022). Dabei betonen pädagogische Ansätze die Perspektive der Lernenden als „Bezugspunkt", denn Ideen müssen vor allem „für den, der sie entdeckt" neu sein (Vollmer 2020, S. 10).

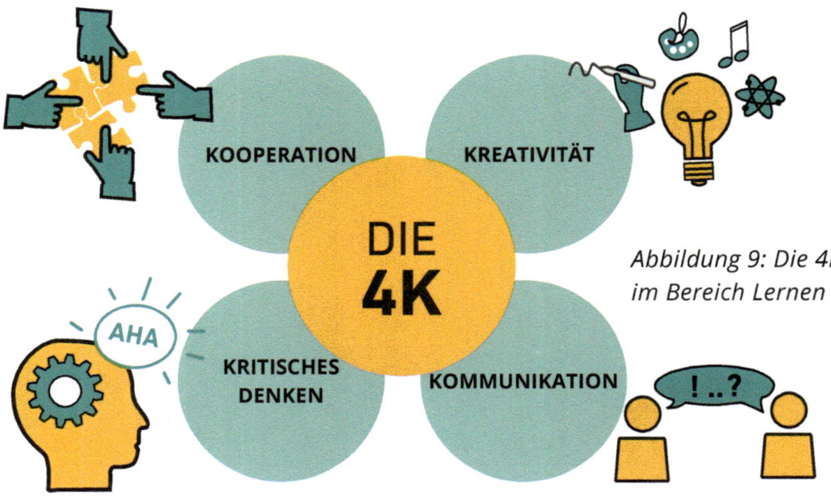

Abbildung 9: Die 4K - 21st Century Skills im Bereich Lernen und Innovieren

Kurz erklärt: Kritisches Denken
Im Kern des kritischen Denkens steht das Hinterfragen, Durchleuchten und Durchdenken komplexer Sachverhalte, Gegebenheiten und Aussagen. Ein Ziel dabei ist es, Informationen zu prüfen, zu interpretieren und verschiedene Perspektiven gegeneinander abzuwägen, um als Schlussfolgerung vollbrachter Analysen eine Postion zu finden oder ein Problem zu beurteilen. Dazu gehört auch die Reflexion und Begründung der eigenen Perspektive und die Bereitschaft, eigene Urteile zu korrigieren (Pfiffner et al. 2022).

Kurz erklärt: Kommunikation
Gut zu kommunizieren bedeutet, dass wir von unserem Gegenüber in Interaktionen verstanden werden und auch wir die Botschaften unseres Gegenübers verstehen (Sterel et al. 2023). Es geht dabei um dreierlei: Um das präzise Ausdrücken der eigenen Gedanken, Meinung und Perspektive, darum andere „durch die Kraft der Sprache zu überzeugen" (Sterel et al. 2023, S. 12) aber auch um das aktive Zuhören.

Wie können die 4K beim Deeper Learning gefördert werden?

Deeper Learning...

- öffnet passende **Freiräume zur Entwicklung der 4K**.
- schafft innerhalb der **Phasen unterschiedliche Gelegenheiten zur Entfaltung der 4K**, wie etwa durch den Gebrauch der individuellen Vorstellungskraft
- ermöglicht es, Lernenden 21st Century Skills **während der Auseinandersetzung mit Inhalten** – bei der Wissensarbeit – zu erwerben. Lernende üben sich beispielsweise im Kommunizieren, wenn sie als authentische Leistung ein Podcast-Skript verfassen und dieses im Anschluss aufnehmen.
- erlaubt neben der impliziten Förderung durch die einzelnen Phasen auch ein **explizites Training und Einschätzen oder sogar Bewerten der 4K**. Lernende können etwa Teamrollen übernehmen, durch Brainstorming auf Ideen kommen, und durch Techniken zum kritischen Hinterfragen angeregt werden.
- bietet nicht nur Schüler:innen, sondern spiegelbildlich auch **Lehrkräften die Möglichkeit**, die **4K beim Co-Design anzuwenden** und sich so professionell weiterzuentwickeln.

Blick ins Klassenzimmer „Die Welt der Gene“

Kooperation: Arne darf seiner Lehrerin Vorschläge dazu machen, mit wem er in den nächsten Wochen ein Forscher:innenteam bilden möchte. Gemeinsam mit Cynthia und Farun entwirft er nun ein authentische Leistung zum Thema CRISPR/Cas. Dazu versetzt sich das Team in die Rolle führender Wissenschaftler:innen und entscheidet sie sich dazu, ein wissenschaftliches Poster zu entwickeln, welches das Verfahren verständlich erklärt und visualisiert – eine echte Herausforderung! Damit die Zusammenarbeit funktioniert, legen sie Rollen fest. Arne stellt sich als Team-Chef zur Verfügung. Er trägt nun eine besondere Verantwortung für das Erreichen wichtiger Meilensteine. Frau Laconte sorgt dafür, dass jedes Team ein digitales Kanban-Board führt. So hat sie die Zusammenarbeit und den Fortschritt der Teams immer im Blick.

Kreativität: Die gewählte Aufgabenstellung fordert das Team zu einer kreativen Auseinandersetzung mit den komplexen biologischen Prozessen auf. Arnes Team begibt sich auf die Suche nach passenden grafischen Ausdrucksformen zur Darstellung der CRISPR/Cas-Methode. Je weiter das Team bei der Visualisierung und Erklärung des Verfahrens voranschreitet, desto tiefer wird Arnes Verständnis. Um ihre Ideen umzusetzen, nutzen die Teammitglieder ein Grafikdesignprogramm.

Kommunikation: Während der Recherche und Postergestaltung müssen die Teams viele Absprachen miteinander treffen und setzten sich mit der Visualisierung von Informationen auseinander. Sie geben sich im Verlauf der ko-kreativen Phase Feedback zu ihren Zwischenständen. Arne findet etwa bewundernde Worte für die Infografik der Epigenetik-Gruppe. Cynthia und Farun überlegen, welche Erkenntnisse sie schriftlich, graphisch oder mündlich übermitteln wollen. Sie feilen an einer guten Balance zwischen fachlich korrekter Ausdrucksweise und Verständlichkeit. Abschließend zeigen die Teams ihre Ergebnisse bei einem „Science-in-Class-Kongress". Die Lernenden sind dabei die Expert:innen und im Anschluss folgen Diskussions- und Fragerunden, welche die Themen miteinander verknüpfen. Am Ende der Einheit führt Frau Laconte Reflexionsgespräche mit den Teams.

Kritisches Denken: Die Gestaltung des Posters fordert sorgfältige Recherchearbeit von Arne. Um seriöse Quellen zu erkennen, stehen Tipps und Material im Lernmanagementsystem bereit. Auch der Science-in-Class-Kongress warf zahlreiche Fragen auf, die im Plenum kritisch diskutiert wurden. Die Klasse stößt auf aktuelle Kontroversen. Durch reflektierende Abwägungen gelangt Arne zu einer eignen Position, die er auch argumentativ vertritt.

2.3 Kooperative Professionalität

Eine fundamentale Neuerung, die sich durch die Pädagogik des Deeper Learning ergibt, betrifft die Zusammenarbeit unter Lehrkräften im Team. Es geht darum, die Ko-Existenz von Lehrkräften an einer Schule zugunsten einer Kultur der regelmäßigen Kommunikation und der Ko-Konstruktion zu überwinden (Klopsch & Sliwka 2021). Das zeigen auch die Eingangsbeispiele im Prolog.

Im Idealfall planen Lehrkräfte Deeper Learning-Einheiten gemeinsam[2]. Lassen Sie uns daher einen kurzen Blick auf kooperative Professionalität und professionelle Lerngemeinschaften werfen.

Professionelle Lerngemeinschaften – Im Team am Werk

Ein zentraler Teil der Professionalität von Lehrkräften ist die Kooperation in professionellen Lerngemeinschaften. Sie geht beim Deeper Learning deutlich über den Austausch und die gelegentliche gemeinsame Gestaltung von Unterrichtsmaterialien hinaus (Huber 2020; Kosmoss & Sørensen 2019). In professionellen Lerngemeinschaften wird fachliches und fachdidaktisches Wissen geteilt und gemeinsam neue pädagogische Ansätze und Unterrichtsmethoden erforscht, erlernt und erprobt (Kosmoss & Sørensen 2019).

Von der Ko-Existenz zur Kooperation

So entwickeln Lehrkräfte fachspezifisch oder fächerübergreifend gemeinsam und arbeitsteilig Deeper Learning-Einheiten. Diese bilden sie hybrid in Lernmanagementsystemen ab, realisieren die Einheit im Unterricht, reflektieren und überarbeiten diese, um sie erneut mit einer anderen Lerngruppe durchzuführen. Indem Lehrkräfte ihr unterschiedliches fachliches, methodisches und fachdidaktisches Wissen komplementär in die Gestaltung einer Deeper Learning-Einheit einbringen, können sie gemeinsam ein höheres Maß an Kreativität in der Gestaltung von Lernerfahrungen für Ihre Schüler:innen erreichen (Sliwka & Klopsch 2022, S. 171 f.).

Entlastung und Freude bei der Unterrichtsentwicklung

Die Kooperation zwischen Ihnen und Ihren Kolleg:innen kann so zu spannenderen und interessanteren Deeper Learning-Einheiten führen. Besonders bereichernd wirken sich Synergieeffekte durch die Zusammenarbeit und Möglichkeit der Reflexion und Weiterbearbeitung im Zeitverlauf aus (Sliwka 2018). Durch ein koordiniertes, kooperatives, von Professionalität geprägtes Vorgehen erhalten Deeper Learning-Einheiten Rückenwind und bringen Entlastung (Klopsch & Sliwka 2021).

Kooperative Professionalität – Wie können Lehrkräfte besser zusammenarbeiten?

Professionelle Lerngemeinschaften

Kurz erklärt: Kooperative Professionalität

- Lehrer:innen arbeiten intensiv in professionellen Lerngemeinschaften zusammen.
- Lehrkräfte tauschen ihre fachliche Expertise aus und erweitern und vertiefen diese durch Gespräche, kritische Reflexion und Feedback.
- Die Zusammenarbeit ist von Zusammengehörigkeitsgefühl, Vertrauen, Unterstützung, Solidarität und Verantwortungsbewusstsein geprägt.
- Es erfolgt ein professioneller Austausch von Wissen und Erfahrungen.
- Die professionelle Zusammenarbeit ist in der Schulkultur fest verankert und in die Berufspraxis eingebettet.

(Hargreaves & O'Connor 2018)

Co-Design in professionellen Lerngemeinschaften

2 Wenn sich in Ihrem Kollegium aktuell keine Mitstreiter:innen für ein Deeper Learning-Team befinden, möchten wir Sie dennoch ermutigen, erste Schritte in Richtung eines Deeper Learning zu gehen. Grundsätzlich lassen sich Deeper Learning-Einheiten auch allein designen und durchführen. Das haben wir bei unserer Pilotierung selbst festgestellt!

Feste Teamarbeitszeiten

Eine vielversprechende Antwort auf die Frage, wie Lehrkräfte besser zusammenarbeiten können, bietet das Konzept der kooperativen Professionalität. Es baut zum einen auf Vertrauen, zum anderen auf Präzision in der Zusammenarbeit auf. Dabei geht es darum, durch professionelle Zusammenarbeit qualitativ besseren Unterricht zu ermöglichen (Hargreaves & O'Connor 2018). Statt sich auf enge Lern- und Leistungsziele zu fokussieren, nehmen Lehrkräfte gemeinsam breitere Ziele des Lernens, wie etwa die Persönlichkeitsentwicklung der Schüler:innen, in den Blick (Hargreaves und O'Connor 2018). Lehrkräfte planen gemeinsam Unterricht, entwickeln gemeinsam Unterrichtskonzepte, besprechen Arbeitsproben gelungener Schüler:innenarbeiten, lösen gemeinsam Probleme oder erarbeiten gemeinsam etwas Neues (Sliwka & Klopsch 2022, S. 167).

Dazu treffen sie sich nicht mehr nur episodisch zu bestimmten Zeiten und an bestimmten Orten, sondern ihr gemeinsames Arbeiten ist eingebettet in ihre tägliche Arbeitspraxis: Es erfolgt mal vor Ort an der Schule, mal digital. Nicht nur die Schüler:innen arbeiten also ko-konstruktiv, sondern auch die Lehrkräfte. Sie zeigen als Vorbilder, wie Kooperation gelingen kann. So entwickeln Lehrkräfte und Lernende ihre 21st Century Skills in gewisser Weise spiegelbildlich (Slikwa & Klopsch 2022, S. 172).

Kulturwandel

Durch die veränderte Art des Arbeitens wird sukzessive ein Wandel in der Schulkultur vorangebracht. Aus den üblichen Gesprächen von isoliert arbeitenden Lehrkräften ‚zwischen Tür und Angel' entwickelt sich ein fortlaufender professioneller Dialog über das Design von gutem Unterricht. Schulleiter:innen spielen eine wichtige Rolle beim Modellieren dieser Kultur und bei der Schaffung von Rahmenbedingungen für Kooperation. Doch der Kulturwandel geschieht auch aus dem Kollegium heraus durch Lehrkräfte, die damit beginnen, Unterrichtsdesign als ein Teamprojekt aufzufassen. Probieren Sie es doch einfach aus!

Forschungsbefunde: Warum lohnt sich die Zusammenarbeit in Lehrkräfteteams?

Systematische Kooperation wirkt sich auf vielfältige Weise positiv aus:

- Verbesserung der Schul- und Unterrichtsqualität (Kosmoss & Sørensen 2019)
- Verbesserung der Schüler:innenleistungen. Kollektive Wirksamkeitserwartungen von Lehrkräften sind mit einer sehr hohen Effektstärke von 1.57 einer der einflussreichsten Faktoren auf Schüler:innenleistungen (Hattie 2018)
- positive Wirkung auf die Berufszufriedenheit von Lehrkräften (OECD 2019)
- positiver Beitrag zu einer innovativen Lehrpraxis (OECD 2019)
- stärkt das Wohlbefinden und die Motivation von Lehrer:innen (Richter & Pant 2016)
- erhöht das Kompetenzerleben und die Selbstwirksamkeit von Lehrkräften (Richter & Pant 2016)
- Verminderung des Isolationsgefühls (Richter & Pant 2016)
- Verbesserung des professionellen Lehrer:innenhandelns (Kosmoss & Sørensen 2019)
- Erweiterung der fachlichen Expertise der Lehrkräfte (Richter & Pant 2016)
- Beitrag zur Entlastung von Lehrkräften (Hargreaves & O'Connor 2018a)

Dynamische und adaptive Rollen von Lernenden und Lehrkräften

Werfen wir zunächst einen Blick in die Vergangenheit: Herr Möller ist Lehrer an einer weiterführenden Schule und arbeitet seit vielen Jahren als Wissensvermittler für seine Lernenden. Durch seine große Bibliothek und der darin enthaltenen Lexika verfügt er über einen enormen Schatz an Wissen. Er teilt diesen Wissensschatz mit Schulklassen, indem er für sie Vorträge hält und detailliertes und auswendig gelerntes Wissen in den Klassenarbeiten abfragt. Die Lernenden reproduzieren das Erlernte und werden dafür bewertet. Herr Möller entspricht dem traditionellen Bild des klassischen Lehrers. Der Zugang zu Wissen erfolgt ausschließlich über die Lehrkraft.

Nur: Zeitgemäß ist das nicht. Heutzutage finden wir einen anderen Zugang zu Wissen vor. Die meisten Lernenden haben Zugriff auf das Internet und somit einen Schlüssel in der Hand, mit dem jede Art von Information zugänglich wird.

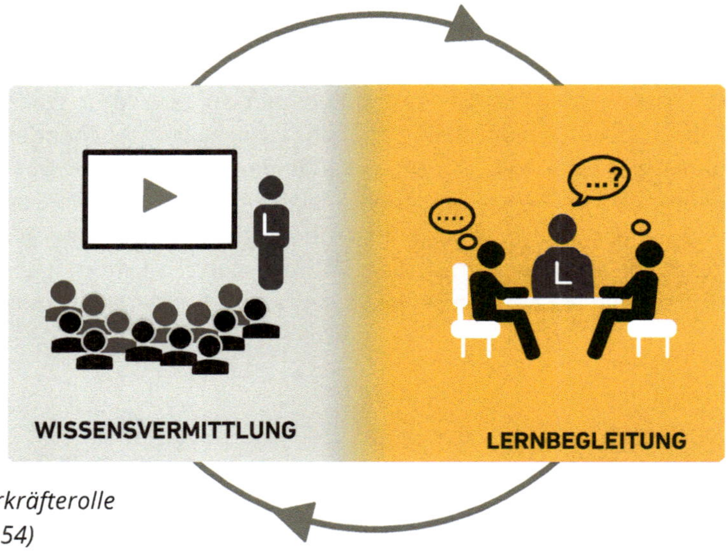

Abbildung 10: Adaptive Lehrkräfterolle (Sliwka & Klopsch 2022, S. 154)

Mit dem veränderten Zugang zu Wissen wandelt sich die Rolle der Lehrkraft, aber auch die der Lernenden. Die Lernenden können selbst aktiv handelnd und gestaltend mit Wissen umgehen. Sie werden zu Konstrukteur:innen und Schöpfer:innen von neuem Wissen – und bleiben keine passiven Wissensempfänger:innen. Und die Lehrkräfte sind nicht mehr ausschließlich Wissensvermittler:innen, sondern finden sich in flexibleren und vielfältigeren Rollen wieder (Sliwka & Klopsch 2022, S. 16).

Raum zum Weiterdenken

Was macht die neue Rolle von Lehrkräften aus?

Wie verändert sich das Lehrer:in sein?

Wenn die Wissensaneignung zunehmend in die Verantwortung der Lernenden gelegt wird, verändert sich die Rolle der Lehrkräfte (Sliwka & Klopsch 2022, S. 160). Die folgende Tabelle zeigt den Wandel der traditionellen Rolle zu einer adaptiven Rolle:

Charakteristische Positionen...	...der traditionellen Rolle der Lehrkraft	...der adaptiven Lehrer:innenrolle
Lernziele	Fachliche Inhalte lehren, Lernstoff vermitteln	Lernende in Domänen handeln lassen, Lernende dazu anregen, in Denk- und Arbeitsprozesse einer Fachkultur einzutauchen
Pädagogisches Ziel	Breite des Lernstoffes	Tiefe des Verstehens
Blick auf Wissen	Fokus auf deklaratives Wissen	Komplexe Wissensarchitektur, dynamische Wissensbestände
Blick auf die Lernenden	Lernende müssen extrinsisch motiviert werden	Lernende sind kreativ, neugierig und kompetent
Rolle der Lernenden	Wissensempfänger:innen	Arbeiten ko-konstruktiv und ko-kreativ mit Wissen, handeln und schaffen neues Wissen
Rolle der Lehrkräfte	Hauptsächlich Wissensvermittler:innen	Adaptive Expert:innen mit vielfältigen Rollen
Fehlerkultur	Fehler sind negativ behaftet, Scheitern soll vermieden werden	Fehler sind wichtige Lernquellen, das Überwinden von Schwierigkeiten ermöglicht Persönlichkeitsentwicklung
Ethos	Einhaltung der Vorgaben	Freude am Lernprozess, Leistungsbereitschaft

Abbildung 11: Lehrkräfterollen (basierend auf Mehta & Fine 2019, S. 351)

Transformation des Berufsbilds

Deeper Learning trägt diesem Wandel Rechnung. Der Unterricht wird von den Schüler:innen stärker mitgestaltet und phasenweise sogar geführt, von den Lehrkräften dagegen stärker gerahmt und organisiert (Phase II). Das einstige (Selbst-)Verständnis der Lehrkräfte als erklärende (Allein-)Wissende verschiebt sich hin zu adaptiven Expert:innen (Hatano & Inagaki 1984), die mit den variablen Bedürfnissen ihrer Lernenden agil umgehen (Sliwka & Klopsch 2022, S. 162). Hierfür benötigen die Lehrkräfte Flexibilität, Gelassenheit und Kreativität.

Lehrkräfte gewinnen an Bedeutung

Beim Deeper Learning gewinnt die pädagogische Arbeit der Lehrkräfte an Bedeutung, da sie durch konstruktive Unterstützung zum gelingenden selbstgesteuerten Lernen der Schüler:innen beiträgt. Dabei verändert sich die Rolle der Lehrer:innen nicht im Hinblick auf das Anforderungsvolumen. Vielmehr verändert sich das Aufgabenprofil im Schwerpunkt (Sliwka & Klopsch 2022): Wissensvermittlung wird von der Hauptaufgabe zu einem Aufgabenbereich neben weiteren, gleichwertigen, wie etwa formativem Feedback oder personalisierter Begleitung des Lernprozesses einzelner Schüler:innen. Um Zeit für die im Deeper Learning im Verhältnis zu traditionellem Lehren stärker gewichteten Aufgabenbereiche zu schaffen, kann bei der Wissensvermittlung in Phase I und II auf entlastende Ressourcen (z.B. digital abrufbare Erklärvideos, Schüler:innenroadmaps, sonstige Strukturierungshilfen) zurückgegriffen werden.

Die Lehrkräfterolle beim Deeper Learning ausgestalten

Rollen werden persönlich gestaltet

Insgesamt geht es darum, in den unterschiedlichen Phasen passende Rollen einzunehmen und diese gemäß der eigenen Lehrer:innenpersönlichkeit zu gestalten. In der nachfolgenden Tabelle finden Sie vier Gestaltungsfelder mit Lehraktivitäten, die in Deeper Learning-Einheiten relevant sind:

 **Unterrichtsdesigner:in**	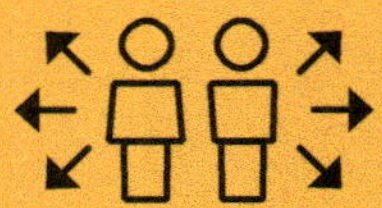 **Architekt:in einer Lernkultur**	 **Expert:in**	 **Mentor:in**
• versteht Unterrichtsentwicklung als Designaufgabe • entwirft DL-Einheiten ko-kreativ als Mitglied eines Teams • stellt passende Materialien und Medien zur Verfügung • integriert Möglichkeiten zum Voice & Choice ins Lerndesign • kreiert tiefenwirksame Aufgaben und Lernarrangements • gestaltet eine hybride Lernumgebung • bringt didaktische Ideen und Einfälle ein	• schafft ein vertrauensvolles Unterrichtsklima • gestaltet unterstützende Beziehungen durch Co-Agency • bietet Hilfe zur Selbsthilfe • stellt päd. Beziehungen zu Schüler:innen, Eltern und außerschulischen Partner:innen her • begeistert für das Fach/Thema • stärkt Lernende im Sinne eines Growth Mindset (d.h. Einstellung fördern, dass Kompetenzen durch Engagement entwickelt werden können)	• setzt fachliche Schwerpunkte • vermittelt Wissen • legt herausfordernde Lernziele fest • entscheidet, welches Wissensfundament erreicht werden muss • personalisiert Aufgaben und Materialien so, dass Schüler:innen in ihrer Zone der nächsten Entwicklung gefordert werden • gibt formatives Feedback	• führt die Klasse mit dem Ziel, Lernende in ihrer Selbststeuerung zu stärken • setzt klare Regeln und Strukturen • managt das Lerngeschehen • kommuniziert Erwartungen transparent • unterstützt die Lernenden in ihrer Selbstorganisation • reflektiert und vermittelt Lern- und Arbeitsstrategien • steht den Lernenden als Mentor:in zur Seite

Ziel: Individuelle **Lernprozesse** in den einzelnen Phasen **unterstützen**

Abbildung 12: Lehrkräfte im Deeper Learning-Prozess

Reflexion

Wie können Sie diese Rollen ausgestalten und mit Leben füllen?

Welche Rollen nehmen Sie in Ihrem bisherigen Unterricht stärker ein als andere?

Wie sieht ihr persönlicher Stil als Unterrichtsdesigner:in oder Mentor:in aus?

Auf dem Weg zur adaptiven Expertise beim Deeper Learning

Deeper Teaching

Nun werfen wir einen Blick auf die kleinste Ebene: Interaktionen zwischen Lehrer:innen und Schüler:innen im Unterricht. Während einer Deeper Learning-Einheit setzen Lehrkräfte adaptiv und flexibel unterschiedliche Facetten der professionellen Planungs- und Handlungskompetenz ein.

Kurz erklärt: ‚Adaptivität' und adaptives Lehrkräftehandeln

Adaptiv bedeutet im pädagogischen Kontext, dass Personen sich aktiv und eigenständig an veränderte Bedingungen anpassen können (Brühwiler 2014) .

Adaptives Lehrkräftehandeln gehört zur adaptiven Expertise von Lehrkräften. Dabei handelt es sich um „Lehrkräftehandeln, das...

- nicht-routiniert, proaktiv, durchdacht und spontan ist,
- eine Veränderung des professionellen Verständnisses oder der Praxis beinhaltet, und
- flexibel auf die Bedürfnisse eines/einer Lernenden oder einer Unterrichtssituation abgestimmt ist" (Parsons 2008, S. 24).

Den Paradigmenwechsel zum lernendenzentrierten Unterricht vollziehen

Adaptives Lehrkräftehandeln ist beim Deeper Learning besonders bedeutend, da wir durch Prinzipien wie Voice & Choice personalisierte Lernprozesse ermöglichen möchten. Dazu gehört vor allem innerhalb der zweiten Phase, Freiräume für eigene Lernwege der Schüler:innen zu öffnen. Schließlich wollen wir Lernende in ihrer Agency – dazu gehören auch Selbstregulation und Selbststeuerung – stärken. Auf diesem Lernweg kann Unerwartetes geschehen und die Lernenden benötigen in den Lehrkräften ein Gegenüber, das diese Momente produktiv zu nutzen weiß.

Die notwendige Adaptivität können wir im Kleinen wie im Großen anwenden:

Adaptives Unterrichten beim Deeper Learning

Makroadaption 	**Mikroadaption** 
• bezieht sich auf Anpassungen des **Unterrichtsdesigns** • Anpassung von Inhalten, Methoden, Materialien, Medien etc. an die Lernvoraussetzungen und Lernwege der Schüler:innen • Deeper Learning-Lerndesigns zeichnen sich durch ihre Flexibilität aus. Sie sind nicht minutiös durchgetaktet. Vielmehr sind Lerndesigns sorgfältig gestaltete Rahmungen des Lerngeschehens, die stellenweise offen für spontane Planänderungen bleiben	• bezieht sich auf spontane Anpassungen in **Interaktionen** und passgenaue **Lehrer:inneninterventionen** • individuelle (verbale, nonverbale) Hilfestellungen, Scaffolding, intelligente tutorielle Systeme (computerbasiert), etc. • adaptive Lehrer:inneninterventionen basieren auf einer diagnostischen Grundlage und sind passende, minimale Eingriffe in den Lösungsprozess der Schüler:innen während des Unterrichtsgeschehens
Ziel: Raum zur Personalisierung von Lernwegen öffnen	**Ziel**: Passgenaue Unterstützung der Schüler:innen im Lernprozess, um den Lernweg möglichst selbstständig weiterzuführen

Abbildung 13: Mikro- und Makroadaption (basierend auf Brühwiler 2014; Leiss & Tropper 2014)

Mikroadaption durch die Hüte der Lehrkraft

Welcher Hut unterstützt den Lernprozess gerade?

Die amerikanischen Wissenschaftler Collins, Brown und Newman haben das Cognitive Apprenticeship-Modell zur „direkten Unterstützung im Lernprozess" entwickelt (Sliwka & Klopsch 2022, S. 155; Collins et al. 1989). Es beschreibt mikroadaptive Lehrer:inneninterventionen, die wir beim Deeper Learning einsetzen können, um die Schüler:innen dazu zu befähigen, „(potentielle) Barrieren im Lösungsprozess zu überbrücken und diesen möglichst selbstständig weiterzuführen" (Leiss & Tropper 2014, S. 19).

Das Modell, das wir als die Hüte der Lehrkraft bezeichnen (Sliwka 2018, S. 52), bildet die unterschiedlichen Herangehensweisen ab, die Lehrkräfte in der Führung und Begleitung der Lernprozesse anwenden. Jeder ‚Hut' steht dabei für eine Facette des Lehrer:innenhandelns. Je nach Situation können Lehrkräfte sich den situativ passenden Hut aufsetzen (Sliwka & Klopsch 2022, S. 155).

Die sieben Hüte der Lehrkraft

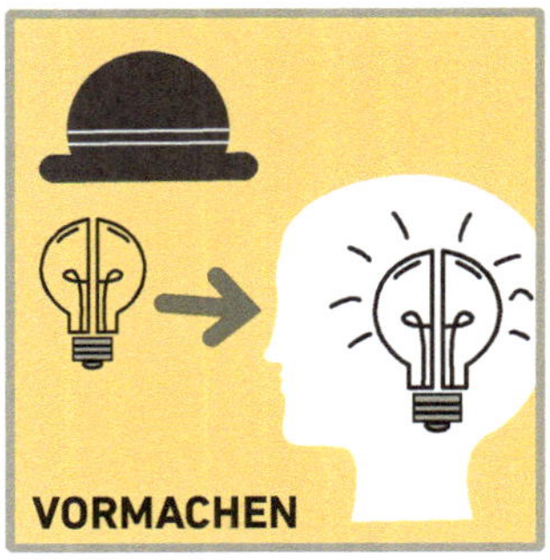

1. Erklären und Vormachen (Modelling): Die Lehrkraft strukturiert das Wissen, erklärt es anschaulich und stellt Vernetzungen her. Sie zeigt, erläutert und macht etwas vor.

2. Coachen (Coaching): Die Lehrkraft versucht durch geschicktes Fragen herauszufinden, wo die Schüler:innen im Lern- und Arbeitsprozess stehen, und berät sie passend.

3. Reflektieren (Reflection): Die Lehrkraft fordert die Lernenden auf, ihre eigenen Denk- und Handlungsstrategien rückwirkend kritisch zu evaluieren.

4. Lautes denken anregen (Articulation): Die Lehrkraft fordert die Schüler:innen auf ‚laut zu denken', d.h. ihre Denkprozesse und Pläne offenzulegen.

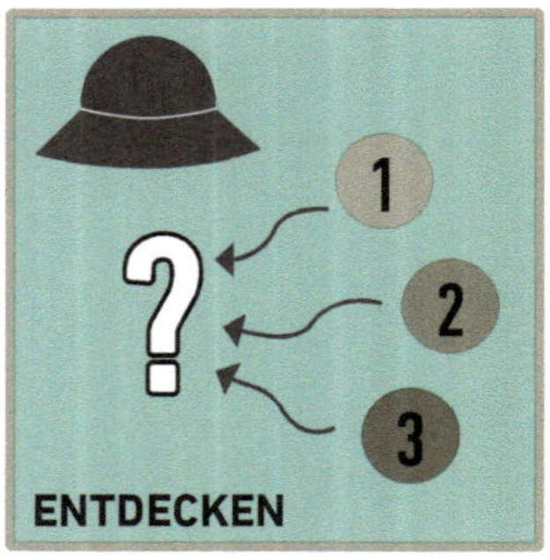

5. Entdecken (Exploration): Die Lehrkraft fordert die Lernenden auf, Wenn-Dann-Hypothesen zu bilden, um Planungsschritte auf Chancen und Risiken zu prüfen.

6. Zurückziehen und Beobachten (Fading): Die Lehrkraft beobachtet die Schüler:innen. Sie zieht sich in den Hintergrund zurück, wenn die Lernenden kompetent und selbstwirksam arbeiten.

7. Lerngerüste anbieten (Scaffolding): Die Lehrkraft gibt den Schüler:innen passgenaue Unterstützung, indem sie ein ‚Lerngerüst' baut, und ihnen etwa dabei hilft, eine komplexe Aufgabe in machbare kleinere Schritte aufzuteilen.

Abbildung 14: Die Hüte der Lehrkraft (basierend auf Collins, Brown & Newman 1989; Sliwka 2018, S. 52; Sliwka & Klopsch 2022, S. 155)

Lerngerüste bauen – Scaffolding

Minimale Hilfe

Für den Erfolg des Lernens ist es von zentraler Bedeutung, den Prozess des Deeper Learning für die Schüler:innen durch passende Lerngerüste zu unterstützen. Nehmen wir deshalb den Hut des ‚Scaffoldings' einmal genauer in den Blick. Scaffolding als mikroadaptive Lehrer:innenintervention betrifft einen wesentlichen Aspekt von Lernprozessen: Lernen ist ein sozialer Prozess und erfordert in vielen Fällen Führung und Strukturierung durch „kompetente Andere" (Schmitt & Simon 2020, S. 22).

Kurz erklärt: Scaffolding
Scaffolding steht für das Bereitstellen von Lerngerüsten, mit deren Hilfe Lernende gezielt an Aufgaben und Lösungswege herangeführt werden. Mit steigender Kompetenz werden die Hilfestellungen sukzessive verringert, bis ganz auf sie verzichtet werden kann. Es gilt das Prinzip der minimalen Hilfe. Die Hilfestellung bezieht sich darauf, ‚wie' etwas gemacht werden kann.

Scaffolding ist situations- sowie personenabhängig

Durch Scaffolding bieten Lehrkräfte ihren Lernenden situativ und temporär Unterstützung an, um Lernblockaden zu lösen und sie in ihrem Lernen voranzubringen. Sobald die Lernenden ein tieferes Verständnis für das behandelte Themengebiet oder den Prozess erlangt haben, kann die Lehrkraft die Unterstützung nach und nach zurückziehen. Auf diese Weise kann die Lehrkraft die Verantwortung für das Lernen an die Lernenden selbst übergeben, sodass diese sukzessive Kontrolle über ihr eigenes Lernen gewinnen (van de Pol et al. 2010).

Die Art und Weise sowie der Grad an Unterstützung, den individuelle Lernende oder Teams benötigen, ist stark situations- sowie personenabhängig. Demnach sind Scaffolding-Strategien niemals identisch in den verschiedenen Situationen anwendbar und müssen immer wieder neu austariert werden (Sliwka & Klopsch 2022, S. 158).

Wie können die ‚Hüte' beim Deeper Learning gelebt werden?

- Scaffolding: Bereitstellen von nach Schwierigkeitsgrad gestuften Lernmedien als Lerngerüste
- Scaffolding: Hinweise geben, ohne die vollständige Lösung bereitzustellen
- Coaching: Fragen stellen wie etwa „Wie sehen eure nächsten Schritte aus?" „Warum wollt ihr die Aufgabe auf diese Weise lösen?" „Wie könntet ihr alternativ vorgehen?"
- Coaching: Rückmeldegespräche zur Arbeitsweise und Leistung führen
- Exploration: Erwägen und Erproben von alternativen Wegen, wie etwas getan werden könnte
- Modelling: Prozesse begleiten, anleiten, vorstrukturieren
- Fading: sich zurückziehen und selbstgesteuerten Lernprozessen Raum geben

Lerngerüste bauen – Scaffolding als Personalisierungsmöglichkeit

Personalisierte Lerngerüste

Die Metapher des Bergsteigens verdeutlicht anschaulich, wie unterschiedlich Lerngerüste je nach Kompetenz der Lernenden aussehen können (Sliwka & Klopsch 2022, S. 158 f.):

1. „Zunächst führen die Lehrkräfte die Schüler:innen an das Themenfeld heran. Sie erklären, setzen Schwerpunkte und verdeutlichen das gemeinsame Ziel. Die Schüler:innen sind dabei eher passiv.

2. Im nächsten Schritt sammeln die Lernenden erste Erfahrungen im Lernfeld, hier dargestellt durch den Berg. Sie dürfen Dinge erproben und erhalten in einem fest definierten Bereich die Möglichkeit, eigenständig zu arbeiten. Lehrkräfte begleiten den Prozess anleitend.

3. Im dritten Schritt können die Schüler:innen erste kleinere Abschnitte des Lernprozesses selbst durchschreiten. Sie dürfen die nächsten Schritte auswählen und komplexere Herangehensweisen wählen. Die Lehrkraft begleitet sie, zieht sich aber im Vergleich zu den vorherigen Stufen zunehmend zurück.

4. Auf der höchsten Kompetenzstufe brauchen die Lernenden, die dazu in der Lage sind, keine direkte Unterstützung mehr durch Lehrkräfte. Sie haben gelernt, wie sie ihre eigenen Lernwege finden. Sie können einschätzen, welche Meilensteine vor ihnen liegen, erkennen, welche Informationen ihnen festen Halt im Wissens- und Kompetenzzuwachs bieten, und wie sie den Weg zum Gipfel, das heißt ihrem Lernziel, am besten beschreiten. Die Lehrkraft steht beobachtend am Rand und greift nur auf Nachfrage durch die Lernenden mit Hilfestellungen und Rat ein."

Abbildung 15: Scaffolding (Sliwka & Klopsch 2022, S. 158)

2.4 Voice & Choice

Das Prinzip des „Voice & Choice" (Bray & McClaskey 2015; Hobday 2012) ist ein zentrales pädagogisches Element der Lernkultur und der Didaktik des Deeper Learning und eine Grundvoraussetzung für das Gelingen dieser Pädagogik (Sliwka & Klopsch 2022, S. 48). Lassen Sie uns das Konzept gemeinsam entdecken!

Was bedeutet Voice & Choice?

Beim Prinzip des Voice & Choice geht es im Wesentlichen darum, Lernenden die Möglichkeit zu geben, eigene Entscheidungen im Lernprozess zu treffen und so als Ko-Designer:innen den eigenen Lernweg aktiv mitzugestalten (Mötteli et al. 2021; Toshalis & Nakkula 2012). Auf diese Weise können die Lernenden ihre Lernwege als persönlich bedeutsam wahrnehmen.

Kurz erklärt: Voice & Choice
„**Voice & Choice** ist ein pädagogisches Prinzip, das es Lernenden ermöglicht, altersangemessen im Lernprozess zu partizipieren" (Sliwka & Klopsch 2022, S. 195). Voice & Choice eröffnet damit ein pädagogisches Fenster zum selbständigen Ausprobien und damit auch zur Identitätsentwicklung.
Dabei meint Choice, dass Lernende Entscheidungen über das eigene Lernen treffen, und Voice, dass ihre Stimme im Lernprozess Gewicht hat. Lernende kommunizieren ihre Wünsche und Bedürfnisse und gestalten ihre Lernprozesse aktiv mit (Hobday 2012; Mötteli et al. 2021; Sliwka & Klopsch 2022, S.32).

Blick ins Klassenzimmer:
„Welt der Zukunft – Wir für ein nachhaltiges Morgen"

Frau Fuchs ist Ethiklehrerin in der Klasse 9c und führt gerade gemeinsam mit dem Geographie- und Chemielehrer, Herrn Kumar, eine interdisziplinäre Deeper Learning-Einheit zum Thema „Welt der Zukunft – Wir für ein nachhaltiges Morgen" durch. In der Phase der Instruktion und Aneignung haben die beiden Lehrkräfte mit den Schüler:innen das Konzept der Nachhaltigkeit erarbeitet. In Phase II beschäftigen sich die Lernenden tiefgreifend mit unterschiedlichen Facetten der Thematik.

Frau Fuchs und Herrn Kumar ist es wichtig, dass alle Schüler:innen ihren Lernprozess nach den eigenen Interessen selbst mitgestalten, und bieten ihnen dazu unterschiedliche Lernpfade an: So können die Schüler:innen wählen, ob sie sich tiefer mit dem Prinzip der globalen Verantwortung auseinandersetzen oder ob sie sich mit naturwissenschaftlichen Lösungen gegen den schädlichen Eintrag von Kunststoffen in die Umwelt befassen möchten.

Zudem entscheiden die Teams in weiten Teilen selbst, wie sie ihren Lernpfad gestalten und auf welche Weise auf sie ihre Ergebnisse erarbeiten und mit der Klasse teilen werden. Linda und Ümud haben schon länger nicht mehr zusammengearbeitet. Da sie sich beide für eine ähnliche Idee begeistern können, entscheiden sie sich als Team dazu, Bücher und Filme zu analysieren, welche von den Lebensbedingungen junger Menschen in einer vom Klimawandel geprägten Welt handeln. Der Grund für diese Entscheidung ist Lindas Lieblingsroman „Die Geschichte des Wassers", der genau diese Thematik behandelt. Für ihr Lernvorhaben analysieren die beiden Jugendlichen den Film „Above Water" und überlegen sich Interviewfragen, die sie der 14-Jährigen Filmfigur Houlaye gerne stellen würden. Darauf basierend verfassen sie einen Aufsatz, der die Sicht Houlayes mit den eigenen Erfahrungen der Lerngruppe in Verbindung bringt. Linda und Ümud richten sich dabei an die Menschen in der Gegenwart und diskutieren den verantwortungsvollen Umgang mit Wasser in Bezug

auf nachfolgende Generationen.
Da Ümud sich schon immer einmal als Podcaster ausprobieren wollte vereinbaren sie mit Frau Fuchs, dass sie den Text leicht modifiziert einsprechen, schneiden und als Podcast auf der Homepage der Schule veröffentlichen. Durch die Entscheidungsfreiräume, die Frau Fuchs und Herr Kumar ihrer Klasse bieten, können die Lernenden Wünsche und Ideen über ihre Lernprozesse äußern **(Voice)** und Entscheidungen über das eigene Lernen treffen **(Choice)**, um so auf ihren individuellen Lernwegen zum gemeinsamen Lernziel – in diesem Falle einem eigenen Beitrag zur Gestaltung einer nachhaltigen Zukunft – zu gelangen.

Forschungsbefunde: Warum lohnt sich Voice & Choice im Klassenzimmer?

- Die Selbstbestimmungstheorie der Motivation nach Deci und Ryan (1993, 2000) belegt, dass die intrinsische Motivation beim Lernen wächst, je mehr die psychologischen Grundbedürfnisse nach emotionaler Zugehörigkeit und nach Autonomie- und Kompetenzerleben im Unterricht Berücksichtigung finden.
  Ein Teil der Dynamik und des Engagements, das sich durch Deeper Learning entfalten kann, ist wohl darauf zurückzuführen, dass Lernende sich durch Voice & Choice in der ko-konstruktiven und ko-kreativen Phase als selbstwirksam, autonom und kompetent erleben können (Sliwka & Klopsch 2022, S. 51). So ist ein Empfinden von Selbstbestimmung möglich, welches einen positiven motivationalen Einfluss hat (Mötteli et al. 2022, S. 292). Die Voraussetzung hierfür ist, dass sich die Lernteams durch ihr Wissensfundament aus Phase I tatsächlich kompetent genug fühlen, mit den Freiräumen selbstbestimmt umzugehen (Katz & Assor 2007, S. 429).

- Choice fördert die Motivation der Lernenden, wenn die Wahlmöglichkeiten:
  - zu den Interessen und Zielen der Schüler:innen passen und als bedeutend wahr genommen werden (Unterstützung der Autonomie),
  - nicht zu zahlreich oder zu unübersichtlich sind (Unterstützung der Kompetenz),
  - mit der Lernkultur der Schüler:innen übereinstimmen (Unterstützung der Zugehörigkeit) (Katz & Assor 2007, S. 429).

- Die Möglichkeit, mitzubestimmen, wie eine Lernaktivität durchgeführt wird, kann die Motivation der Schüler:innen, sich zu engagieren, erheblich steigern, weil sie dadurch ihren Lernprozess selbst gestalten und zugleich ihre Identität entwickeln können (Toshalis & Nakkula 2012, S. 29).

- Wenn Schüler:innen sich gehört, wahrgenommen und wertgeschätzt fühlen (Voice), entwickeln sie ein Gefühl von Verantwortung und Zugehörigkeit (Mitra 2009).

- Voice zu fördern kann auch für Lehrkräfte sehr gewinnbringend sein, denn so zeigt sich, was die Schüler:innen über ihr Lernen denken und dabei fühlen – wertvolle Informationen für zukünftige Unterrichtsdesigns (Toshalis & Nakkula 2012, S. 25).

- Für Lernende ist beim Voice & Choice die Lernunterstützung durch die Lehrkraft bedeutsam (Mötteli et al. 2022, S. 293).

Passende Lernpfade durch Voice & Choice gestalten

Durch das Ermöglichen von Voice & Choice können Schüler:innen selbständig Lernpfade wählen und gestalten, um die (individuell gesteckten) Lernziele zu erreichen. Die Lehrkraft bietet dabei Unterstützung und Hilfestellungen an.

Abbildung 16: Lernpfade

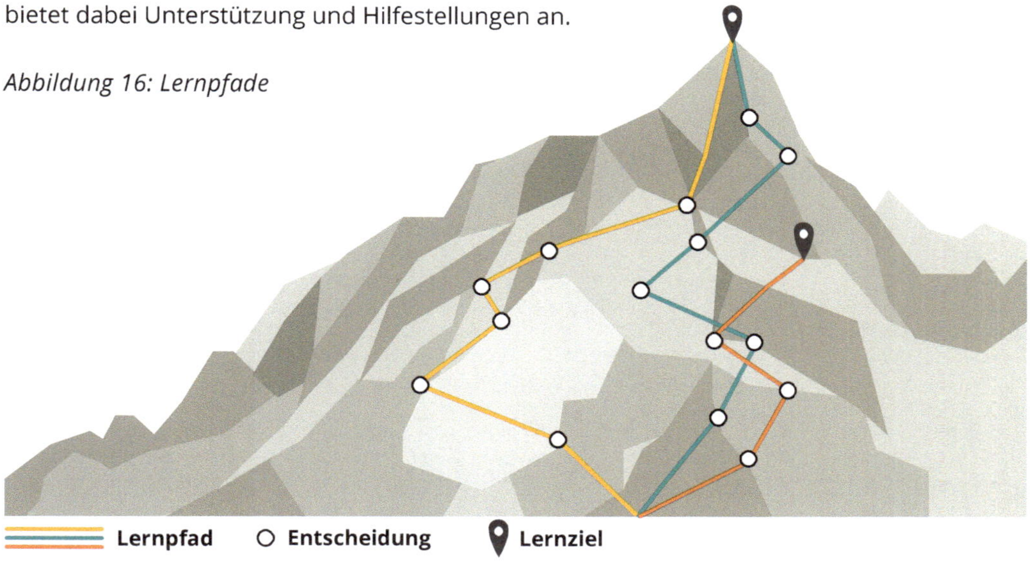

Voice & Choice lassen sich jeweils als Kontinuum darstellen (Bray & McClaskey 2016). Sie zeigen den Weg zu mehr Selbststeuerung durch die Lernenden auf. Die Gestaltungsfreiheit im Lernprozess kann im Verlauf einer oder mehrerer Deeper Learning-Einheiten erweitert werden, sodass die Lernenden sukzessive und altersangemessen mehr Eigenverantwortung tragen (Sliwka & Klopsch 2022, S. 49).

Voice: die eigene Stimme im Lernprozess finden

Äußerungen	Beratung	Partizipation	Partnerschaft	Aktivismus	Leadership
Lernende drücken ihre Perspektive aus, teilen ihre Meinung mit und äußern Fragen. Lehrkräfte ermuntern die Lernenden dazu, sich mitzuteilen und folgern daraus, wo die Lernenden stehen.	Lernende beraten sich mit der Lehrkraft darüber, wie sie am besten lernen. Dabei tauschen sie sich über ihre Lernziele, Stärken, Interessen und Herausforderungen im Lernprozess aus. Lehrkräfte beraten und nutzen diese Informationen für unterrichtsbezogene Entscheidungsfindungen.	Lernende werden nicht nur gehört, sondern wirken nun auch an Entscheidungen bezüglich des Lernprozess mit. Sie benennen die Schritte, die sie benötigen, um ihre Lernziele zu erreichen. Lehrkräfte bestärken und fördern Verantwortungsübernahme.	Lernende und Lehrende arbeiten als Lernpartner:innen zusammen und teilen in bestimmten Bereichen die Verantwortung. Lernende gestalten Unterricht mit und entwickeln Kriterien der Leistungsmessung mit. Lehrkräfte begleiten, unterstützen und coachen.	Lernende ergreifen die Initiative, identifizieren Probleme und entwickeln Lösungen. Sie machen sich innerhalb und außerhalb des Unterrichts oder Schulkontextes dafür stark, gewünschte Veränderungen herbeizuführen. Lehrkräfte zeigen Vertrauen und bieten Hilfestellung.	Lernende übernehmen eine Rolle als Ko-Leitung im Lernprozess oder in Teams, treffen Entscheidungen und übernehmen die Verantwortung für ihr Lernergebnis Lehrkräfte sorgen für Wachstumschancen und Ressourcen und teilen Verantwortung.

lehrkräftezentriert — lernendenzentriert — lernendengesteuert

Abbildung 17: Voice-Kontinuum (basierend auf Bray & McClaskey 2016; Toshalis & Nakkula 2012,S. 24 ff.; Sliwka & Klopsch S. 50)

Choice: Wahlfreiheit im Lernprozess ermöglichen

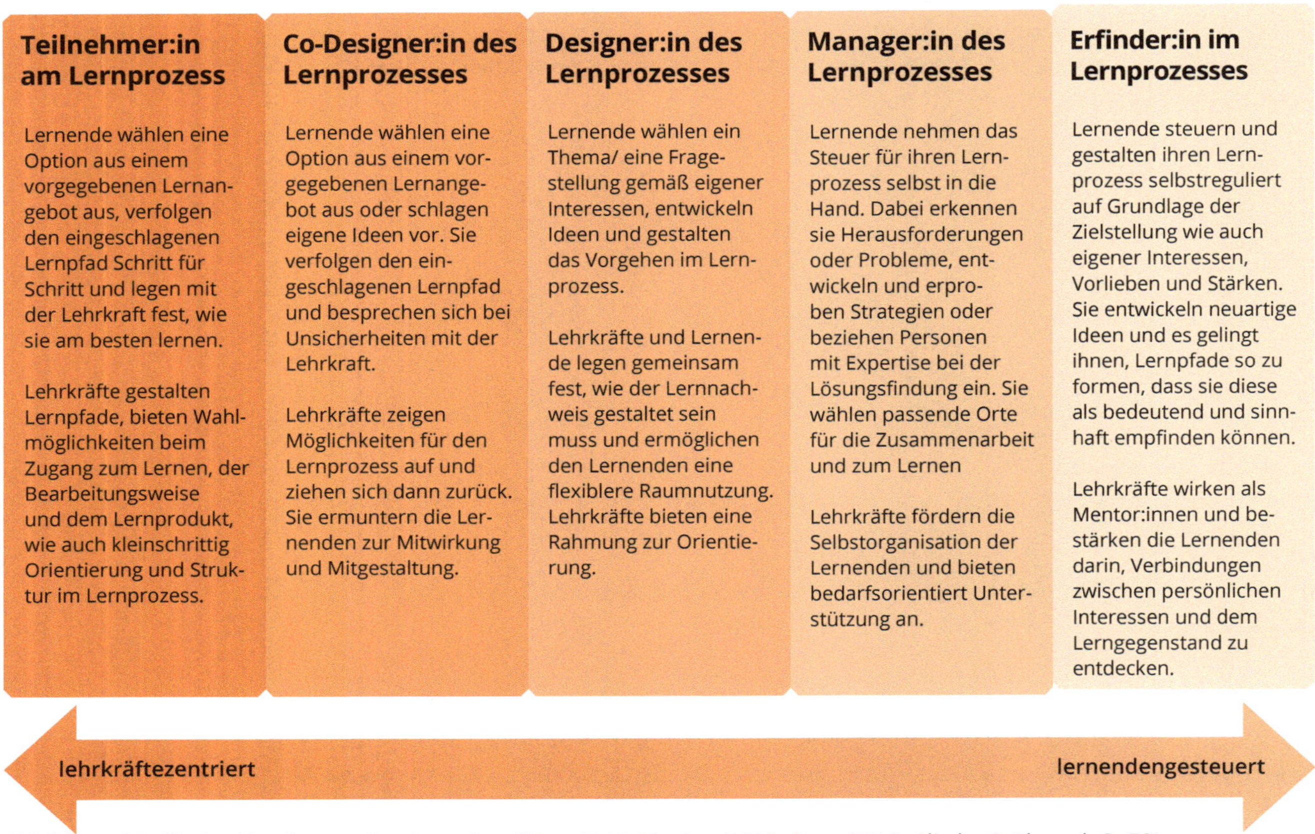

Abbildung 18: Choice-Kontinuum (basierend auf Bray & McClaskey 2015; Bray 2018; Sliwka & Klopsch S. 50)

Entscheidungsspielräume sukzessive öffnen

Beim Voice & Choice ist die Lehrkraft eine entscheidende Figur, da sie sicherstellt, dass die Lernenden nicht überfordert werden und lernen, wie sie mit ihrer Entscheidungsfreiheit produktiv umgehen können. „Wichtig ist eine Differenzierung auf der Basis des Vorwissens und der Fähigkeit zur Selbstregulation, um allen Lernenden gerecht zu werden. Die Lehrkraft muss einschätzen, welche Schüler:innen sie bei der Entscheidungsfindung gezielt und engmaschig unterstützen muss (linke Seite des Kontinuums) und welche sie frei arbeiten lassen kann (rechte Seite des Kontinuums)" (Sliwka & Klopsch 2022, S. 49). So unterstützen Lehrer:innen die Schüler:innen einerseits dabei, ihre eigenen Interessen und Bedürfnisse zu erkennen, und führen sie andererseits schrittweise an das selbstregulierte, eigenverantwortliche Lernen heran.

Wie können wir den Lernenden Choice ermöglichen?

Zur Umsetzung des Konzepts im Unterricht hilft es, sich zunächst selbst zu fragen: In welchen Bereichen kann ich meine Schüler:innen stärker in die Unterrichtsgestaltung einbeziehen? Welche Gestaltungsfreiräume kann ich den Lernenden anbieten? Welche Strukturen benötigen die Lernenden, um verantwortungsbewusst mit diesen Freiräumen umzugehen?

Lernpfade zur Disposition stellen

Die passende ‚Dosis' Choice einzuschätzen ist eine komplexe Aufgabe und passend zur Lerngruppe zu treffen. Weiterführende Impulse hierzu bieten die Schieberegler auf S. 86, 87.

Choice-Schieberegler - Inhalt (Was?)
Wahlmöglichkeit von Teilinhalten innerhalb eines breiten Themenfeldes, um das Gesamtkonzept exemplarisch erlernen zu können.

Inhalte oder Themen zur Disposition stellen

Wenn es um Autonomiespielräume und Wahlmöglichkeiten für Lernende geht, liegt zuerst die Wahl eines Inhaltes auf der Hand. Wie können wir also Wahlmöglichkeiten beim Inhalt bieten? Da wir beim Design von Deeper Learning-Unterrichtseinheiten oft von breiten Themen oder Phänomenen, wie etwa ‚Klimawandel', ‚Data Literacy', oder ‚Märchen', ausgehen, können wir Lernenden ermöglichen, Teilaspekte des Themenfelds zu wählen. Es erfolgt also exemplarisches Lernen, in dem Teilinhalte einen Zugang zum Gesamtkonzept bieten.

Choice-Schieberegler: Inhalt

Festgelegtes Rahmenthema + Minimale Spezialisierung möglich	Festgelegtes Rahmenthema + Auswahl eines Teilgebiets möglich	Festgelegtes Rahmenthema + Auswahl eines Teilgebiets und eigene Themenvorschläge möglich	Lernende finden eine eigene Fragestellung innerhalb des Rahmenthemas

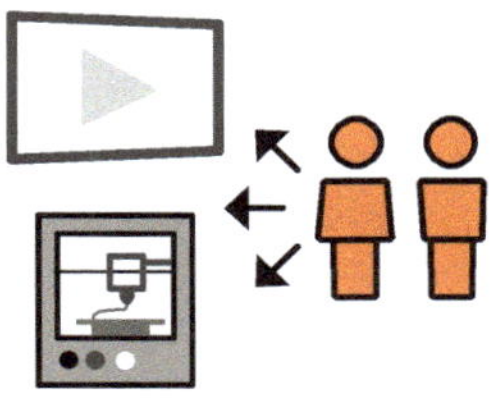

Choice-Schieberegler: Authentische Leistung (Wie?)
Mitsprache hinsichtlich des Mediums, der Form und des Vorgehens bei der Entwicklung der authentischen Leistung (Lernprodukt oder Performanz).

Lernprodukt

Wahlmöglichkeiten und Gestaltungsfreiräume liegen auch im Bereich der authentischen Leistung. Das Lernprodukt stellt das Vehikel dar, durch das Lernende zeigen können, dass sie die Inhalte verstanden haben. Lernprodukte können dabei vielfältig und entsprechend der Interessen und Fähigkeiten der Schüler:innen gestaltet sein. Sie könnten beispielsweise einen Vortrag, ein Erklärvideo, einen Podcast, eine Aktion oder ein gebautes Objekt als authentische Leistung wählen. Zugleich kann das Lernprodukt dem Lernprozess Struktur geben, indem es das Vorgehen im Lernprozess leitet – ein Erklärvideo erfordert offensichtlich ein anderes Vorgehen als das Bauen eines Objektes.

Choice-Schieberegler: Authentische Leistung

Das Lernprodukt ist für alle Schüler:innen gleich (z.B. Video)	Die Schüler:innen können sich zwischen verschiedenen Lernprodukten entscheiden (z.B. Podcast, Video, Interview)	Die Schüler:innen dürfen frei entscheiden, welches Lernprodukt zu ihrem Lernziel passt

Balance aus Struktur und Freiräumen

Offenheit hinsichtlich des Lernprodukts und des Inhalts müssen so ausbalanciert werden, dass die Lernenden mit den Anforderungen produktiv umgehen können. Je offener der Lernprozess im Lerndesign angelegt ist, desto mehr konstruktive Unterstützung und Beratung wird durch die Lehrkraft benötigt. Gelingt die Balance aus Struktur und Freiräumen, können Lernende einen eigenen, den individuellen Fähigkeiten entsprechenden Zugang zum Inhalt entdecken, woraus ein tiefgehendes konzeptionelles Verständnis resultiert (Sliwka & Klopsch 2022, S. 37).

Weitere Räume für Voice & Choice

Neben den Inhalten und Lernprodukten können die Schüler:innen selbstverständlich auch an der Wahl der Zielgruppe ihrer authentischen Leistung beteiligt sein: Wer soll beispielsweise zu einer Präsentation, Diskussion, Filmvorführung oder Ausstellung eingeladen werden – Mitschüler:innen, Eltern, die Öffentlichkeit, Politiker:innen?

Auch bei der Gestaltung von Lernwegen, der Verwendung verschiedener Lernwerkzeuge, dem Aufsuchen bestimmter Lernorte oder der Lernzeitgestaltung gibt es Optionen für Choice.

2.5 Agency

Potential zur Entfaltung bringen

Das Konzept der Agency knüpft an das Voice & Choice-Prinzip an. Agency zeigt sich in einem verantwortungsbewussten und produktiven Umgang mit Gestaltungsfreiheiten, also im Handeln (O'Brien & Reale 2021). Schüler:innen werden beim Deeper Learning in ihrer Identitätsentwicklung so angesprochen, dass sie zu selbstbestimmten Lernenden werden und damit Agency ausprägen. Agency kann durch Räume und Angebote zur Mitgestaltung, Eigenverantwortung und Partizipation beim Lernen geübt werden (Blaschke & Hase 2021; Vaughn 2020). Sie kann daher als Haltung zu Aus- und Mitgestaltung verstanden werden.

Kurz erklärt: Agency
Agency beschreibt das aktive und freie Treffen von Entscheidungen, auf die dann eine Handlung folgt, für die Verantwortung übernommen wird. Agency bedeutet somit auch, dass Menschen Einfluss auf ihr Wirken, Handeln und Tun haben und sich dessen Folgen bewusst sind. Sie trägt dazu bei, das Potenzial der Akteur:innen zur Entfaltung zu bringen und die Möglichkeiten der Deeper Learning-Phasen voll auszuschöpfen (Helfferich 2012; Vaughn 2021).

Beim Deeper Learning werden Student Agency sowie in Gemeinschaft Co-Agency entwickelt und in der Unterrichtspraxis gelebt (Sliwka & Klopsch 2022, S. 58 ff.). Betrachten wir nun die unterschiedlichen Formen von Agency. Lassen Sie uns mit den Lernenden und deren Agency, der sogenannten Student Agency beginnen.

Student Agency

Facetten der Student Agency haben wir in den hohen Ausprägungen auf dem Voice-Kontinuum und dem Choice-Kontinuum bereits entdecken können.

Student Agency meint, dass die Lernenden zu Verantwortlichen ihres eigenen Lernprozesses werden (Sliwka & Klopsch 2022, S. 60). Student Agency kann dadurch gefördert werden, dass die Lernenden während des Lernprozesses mehr Eigenverantwortung tragen, indem sie beispielsweise den Lernweg als Ko-Designer:innen in Phase II und III aktiv mitgestalten und Möglichkeiten zu Voice & Choice erhalten. Sie entwickeln dabei sowohl ihre fachliche Expertise als auch ihre Persönlichkeit durch aktives Handeln zusammen mit anderen weiter (Co-Agency) (Berk 2011).

Student Agency lässt sich durch die Entwicklungsbereiche Sinnerleben, Reflexivität, Engagement und Verantwortung für das eigene Handeln trainieren. Diese Entwicklungsbereiche sind eng mit der Identitätsentwicklung verknüpft und können innerhalb von Deeper Learning-Einheiten angesprochen werden (Sliwka & Klopsch 2022, S. 62)

Kurz erklärt: Student Agency
Student Agency beschreibt den Wunsch, den Willen, die Fähigkeit und das Vermögen der Lernenden, ihren Handlungskurs selbst zu bestimmen und zu steuern (Vaughn 2021, S. 1). Das bedeutet etwa, dass Lernende durch das bewusste Treffen von Entscheidungen, die auf ihren Bedürfnissen und Interessen basieren, ihren eigenen Lernprozess aktiv mitgestalten und für diesen Verantwortung zu übernehmen (Vaughn 2020; Moses et al. 2020; OECD 2020).

So trägt Agency dazu bei, die passive Teilhabe am Lernprozess in eine aktive umzuwandeln. Lernende übernehmen die Regie für ihr eigenes Lernen. Mittels Student Agency werden sie zu Meister:innen ihres eigenen Lernprozesses und als solche von Peers, Eltern und Lehrkräften anerkannt (Moses et al. 2020).

Was trägt zur Entwicklung von Student Agency bei?

Sinnerleben (Purpose)

- Lernende entdecken beim Lernen Aspekte, die sie als relevant und sinnvoll für sich selbst (und die Welt) empfinden
- Lernende setzen sich selbst Lernziele und verfolgen diese
- Lernen wird durch die Umsetzung eigener Ziele bedeutungsvoll und motivierend
- Lernende entwickeln einen sinnerfüllten Handlungskompass, um sich in komplexen Umgebungen zu navigieren

Reflexivität

- Lernende reflektieren über Lerninhalte und den eigenen Lerprozess: Welche Ziele sind für mich wichtig? Wie kann ich diese erreichen? Welche Fähigkeiten bringe ich mit? Was muss ich noch üben?
- Lernende reflektieren kritisch als Grundlage von Handlungs-, Auswahl- und Entscheidungsprozessen
- Lernende nehmen Abstand von der eigenen Position und erwägen andere Perspektiven

Engagement

- Lernende strengen sich an und investieren Zeit, Mühe und ihre Fähigkeiten in den Lernprozess
- Lernende üben, sich auf ein Vorhaben mit ungewissem Ausgang einzulassen, dabei Risiken einzugehen und Herausforderungen zu bewältigen
- Lernende trainieren bei der Umsetzung ihrer Lernziele ihr Durchhaltevermögen. Viele Lernende benötigen Unterstützung, um sich so intensiv einzubringen zu können

Verantwortung

- Lernende entwickeln Selbstbewusstsein und das Gefühl, dazu in der Lage zu sein, das eigene Leben zu gestalten
- Lernende übernehmen für ihr Handeln und Lernen Verantwortung
- Lernende bedenken, welche Wirkung ihre Handlungen und Entscheidungen entfalten können
- Lernende trainieren ihre Fähigkeit, eigene Fehler zu erkennen und zu verbessern

Abbildung 19: Entwicklungsbereiche der Student Agency (basierend auf Leadbeater 2017, S. 74-76)

Blick ins Klassenzimmer:
Agency in Aktion im Unterrichtsbeispiel „Entdeckerrallye"

Frau Karlen und Herr Klein unterrichten Biologie in Klasse 5 und möchten die Student Agency ihrer Schüler:innen von Beginn an stärken und ihnen auf diese Weise mit auf den Weg geben, den eigenen Lernprozess mehr und mehr als Kapitän:in zu steuern. Es ist ihnen wichtig, dass die Lernenden früh üben, die Initiative zu ergreifen, Verantwortung zu übernehmen und Lernpfade selbstbestimmt zu planen. So betten sie altersgemäße Entwicklungsanlässe für Student Agency ins Lerndesign ihrer Deeper Learning-Einheit ein.

Schon bei der Erarbeitung wichtiger Wirbeltiermerkmale in Phase I war für die Lernenden eine vertrauensvolle Atmosphäre im Klassenraum spürbar. Frau Karlen und Herr Klein regen in kleineren Teamarbeitsphasen die Entwicklung stabiler Lernpartnerschaften an. Die Schüler:innen reflektieren hierzu zunächst, welche Stärken jede:r in ein Kernteam einbringen kann, wie sich diese Stärken gegenseitig ergänzen und wie das Team sich dadurch wechselseitig unterstützen kann. Im Verlauf von Phase I erklären sich die Schüler:innenteams gegenseitig die Unterschiede im Herz-Kreislaufsystem verschiedener Wirbeltiergruppen wie etwa Vögel, Reptilien oder Säugetiere. Als Max dabei ein Fehler unterläuft springt seine Teampartnerin Martha ein und führt die Erklärung fort. Frau Karlen beobachtet dies wertschätzend und klärt mit der Klasse, was sie aus der Verwechslung lernen kann. Ilka und Simon sind, schon bevor die Einheit begonnen hat, aktiv geworden und haben einen Zettel in der ‚Unterrichtsideenbox' im Klassenzimmer hinterlassen. Auf dem Zettel drücken die beiden den Wunsch aus, die örtliche Tierärztin Frau Meyer in den Unterricht einzuladen. Herr Klein und Frau Karlen haben die Idee im Lerndesign berücksichtigt und entschieden, dass die Klasse durch ein vorbereitetes Interview mit Frau Meyer ihr Wissensfundament zeigen darf. Die Schüler:innen fühlen sich dadurch ernst genommen und freuen sich auf diese Begegnung.

In Phase II üben die Schüler:innen, selbstbestimmte Lernentscheidungen zu treffen. Sie wählen eine spannende Wirbeltierart aus und recherchieren typische Verhaltensweisen und die Anpassungen dieser Art an ihr Habitat. Dieses Wissen bereitet die Lerngruppe für eine Zoo-Rallye als authentische Leistung auf. Bei der Erarbeitung der authentischen Leistung erhalten die Lernteams unterstützende Checklisten, Recherchematerial sowie Feedback- und Coachingkärtchen von den Lehrkräften. Als Ilka, Simon und Johannes bei der Erforschung der Kegelrobbe nicht mehr weiterkommen, beschließen sie ihr Coachingkärtchen zu ‚spielen' und bitten Herr Klein um ein ausführliches Coachinggespräch. Herr Klein kann ihnen bei der Organisation weiterhelfen und so gelingt es dem Team, eine spannende Entdeckerstation für die Zoo-Rallye vorzubereiten.

Das Beispiel zeigt: Wir üben Agency in sozialen Situationen. Co-Agency unter Lehrkräften, unter Schüler:innen, sowie zwischen Lehrkräften und Schüler:innen wird beispielsweise bei der Gestaltung der Deeper Learning-Einheit mit Kolleg:innen, bei der vertrauensvollen, ko-konstruktiven Zusammenarbeit im Klassenzimmer oder beim gemeinsamen Festlegen von Bewertungskriterien mit den Schüler:innen sichtbar (Sliwka & Klopsch 2022, S. 62).

Der Agency-Entwicklungsprozess findet damit nicht isoliert, sondern als ein sozialer und dynamischer Prozess mit anderen statt (Vaughn 2020). Co-Agency wird vor allem in der Atmosphäre im Klassenzimmer und im Umgang miteinander spürbar.

Co-Agency beschreibt die ko-konstruktive Zusammenarbeit von Lernpartnern (Co-Agents) im Lernprozess und zeigt damit auch eine Facette der Beziehungsqualität zwischen Lernenden wie auch zwischen Lehrenden und Lernenden beim Deeper Learning. Ein wesentlicher Effekt von Deeper Learning ist, dass sich die Lernenden und Lehrenden auf Augenhöhe begegnen (Sliwka & Klopsch 2022, S. 173).

Kurz erklärt: Co-Agency
Co-Agency bezeichnet sich gegenseitig unterstützende Beziehungen zwischen unterschiedlichen Akteur:innen, etwa Lernenden, Lehrkräften, Eltern und dem (kommunalen) Umfeld. Co-Agents begeben sich in Austausch und Aushandlungsprozesse miteinander und übernehmen Verantwortung für ihr partnerschaftliches Handeln. Co-Agency-Ziele können beispielsweise eine kreativere Ausgestaltung von Unterricht, besser lernen zu können oder eine höhere Potenzialentfaltung sein. Es geht um gegenseitige Hilfe und Unterstützung bei der Zielerreichung.
(Salmela-Aro 2017)

2.6 Authentische Leistungen

Authentisches Lernen

Um ein authentisches Lernsetting zu schaffen, werden beim Deeper Learning Aufgaben und Lernerfahrungen mit der realen Welt verknüpft. Schließlich geht es darum, Lernende fit für die Lebenswirklichkeit des 21. Jahrhunderts zu machen. Dazu passen künstliche oder konstruierte Szenarien kaum. Doch wie viel Realität muss in eine Deeper Learning-Einheit fließen, damit sie zu authentischen Leistungen führen kann? Um das zu verstehen, hilft es, sich das Lernsetting nicht binär als „authentisch" oder „nicht authentisch" vorzustellen (Yong 2018).

Was verbirgt sich hinter dem Begriff Authentizität?

Authentizität lässt sich als Spektrum darstellen, das die Bereiche Arbeitswelt, Fachdisziplin und individuelle Lebenswelt umfasst (Yong 2018). Diese Facetten bilden Brücken zur ‚realen Welt', die wir im Unterricht schlagen können.

Authentizitätsspektrum

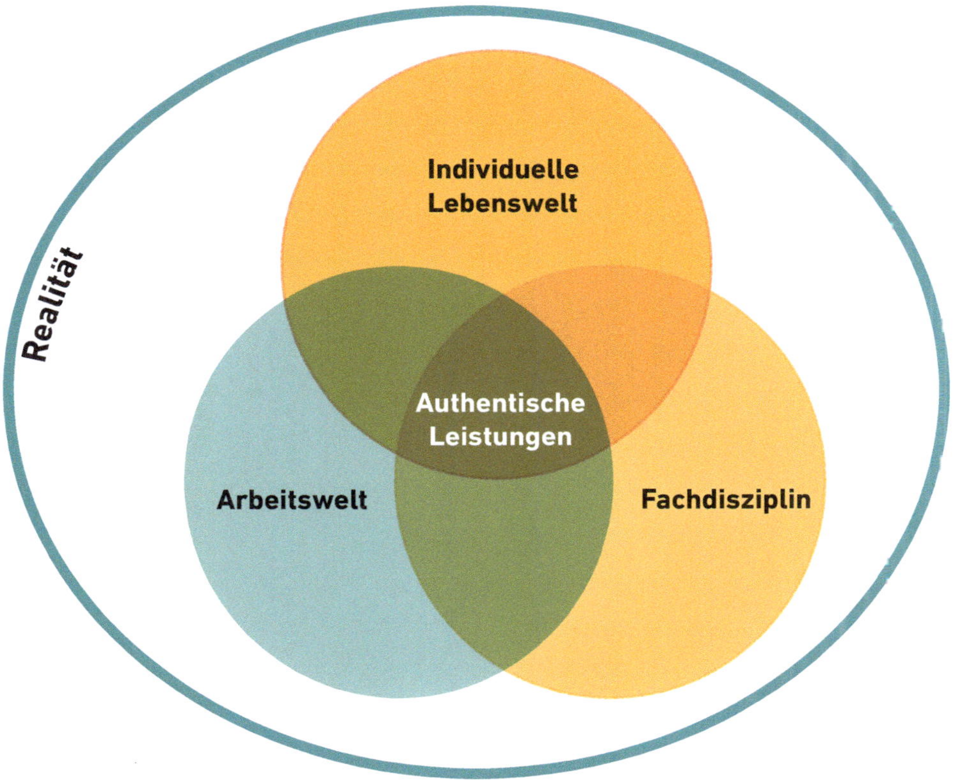

Abbildung 20: Was macht Leistungen authentisch? Authentizitätsspektrum als Brücke vom Lernen zur realen Welt (basierend auf Yong 2018, S. 19)

Um solche Brücken zu schlagen, müssen sich die Schulen als Institutionen öffnen. So unterstützen sie das Lernen über die Grenzen der Schule hinweg (Sliwka & Klopsch 2022, S. 176). Das bedeutet selbstverständlich nicht, dass wir Lernende auf sich allein gestellt mit komplexen Herausforderungen aus der Arbeitswelt von Erwachsenen konfrontieren. Vielmehr geht es darum, die Proportionen des Authentizitätsspektrums so zu verändern, dass die Komplexität der Welt um uns herum nicht komplett aus dem schulischen Lernen verschwindet. Das gelingt, indem wir bestimmte ‚Brücken' zur Wirklichkeit innerhalb der Einheit stärker betonen.

Brücken zum authentischen Lernen beim Deeper Learning

- Lernende arbeiten an komplexe Aufgaben, die Problemen aus der (Arbeits-)Welt ähneln und von den Lernenden qualitätsvolle Produkte und Lösungen verlangen.
- Lernende arbeiten mit Ressourcen und Materialien der Arbeits- und Lebenswelt.
- Lernende begeben sich in die Arbeitswelt, z.B. für Praktika, Interviews oder Lernreisen.
- Lernende besuchen außerschulische Lernorte, z.B. Unternehmen, Institutionen, Museum, Zoo, Planetarium.
- Lernerfahrungen und Leistungen orientieren sich an Interessen, Bedürfnissen, Talenten und Neigungen der Lernenden und werden deshalb als relevant und bedeutsam erlebt.
- Lernende adaptieren Arbeitsprozesse von Expert:innen und arbeiten so ‚als Expert:innen' in einem bestimmten Fachbereich (z.B. Arbeiten als Journalist:in, Forscher:in, Astrophysiker:in usw.).
- Lernende wenden typische Denk- und Arbeitsweisen einer Domäne an und zentrale Frage-, Problemstellungen und Thesen der Fachdisziplin werden bearbeitet.
- Lernende arbeiten mit authentischen Geräten, Methoden und Materialien, z.B. Mikroskop, Geoinformationssysteme oder Turnmatten.

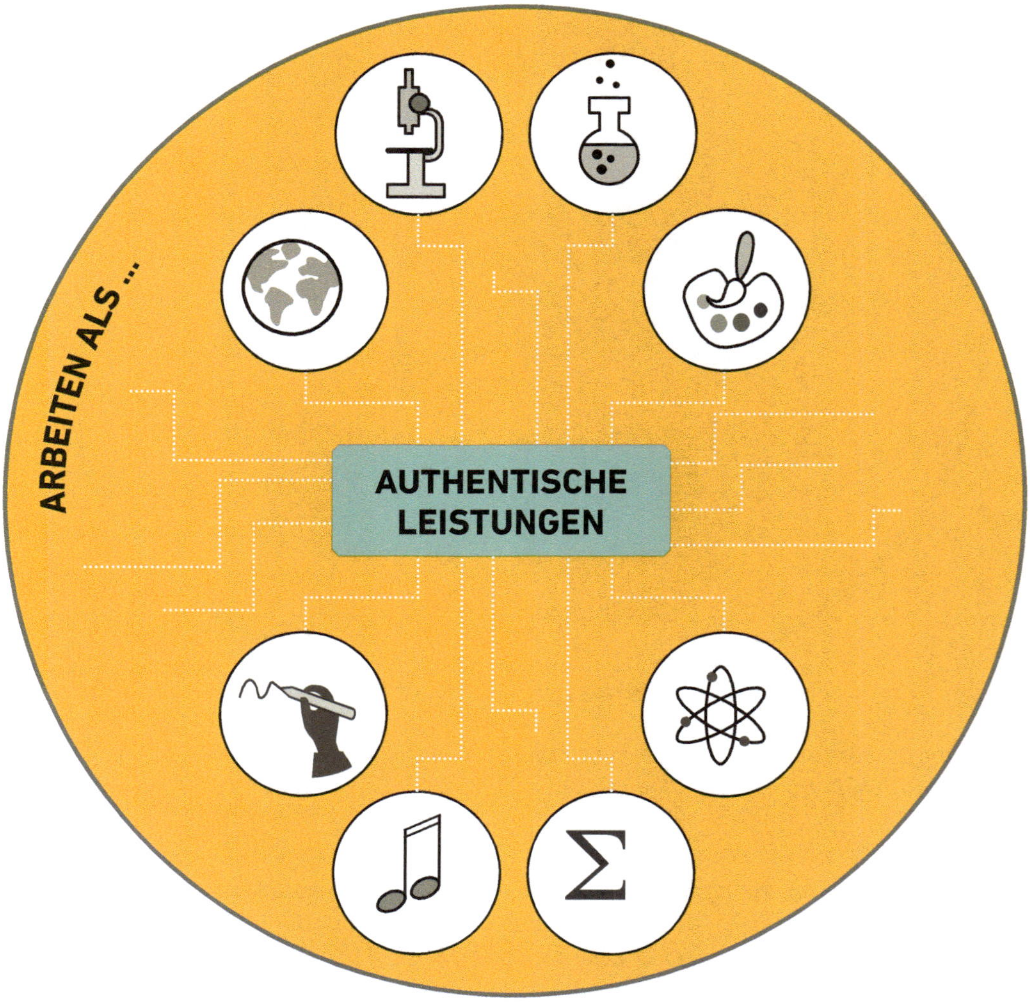

Abbildung 21: Leistungsvielfalt durch authentische Leistungen (Sliwka & Klopsch 2022, S. 135)

Praxistipp

Die Lernende erarbeiten im Team und/oder individuell authentische Leistungen. Die Authentizität ergibt sich dabei aus dem Authentizitätsspektrum, welches verschiedene Bereiche wie Arbeitswelt, Fachdisziplin und Lebenswelt der Lernenden umfasst. Eine Möglichkeit, Lernerfahrungen, die auf domänenspezifischen Arbeitsformen basieren, zu gestalten, ist das Prinzip „Arbeiten als..." (Sliwka & Klopsch 2022, S. 128).
So arbeiten Lernende zum Beispiel als Journalist:innen, die Fake News widerlegen, oder als Wissenschaftler:innen, die einen Kunststoff synthetisieren: Die Klasse wird zur Zeitungsredaktion, zum Forschungslabor, zum Atelier.

Reflexion

- Als ‚was' können Schüler:innen in Ihrem Unterricht arbeiten?
- Gibt es bestimmte Rollen und/oder Szenarien, die sich in Ihrem Fachbereich besonders gut eignen?

Wodurch zeichnet sich eine authentische Leistungsentwicklung aus?

Lernleistungen entwickeln sich vielfältig

Erst wenn Lernen authentisch gestaltet wird, indem verschiedene Aspekte des Authentizitätsspektrums einbezogen werden, können Schüler:innen auch authentische Leistungen hervorbringen. Dies kann in einer Vielfalt von Formen geschehen, die klassische schulische Prüfungsformate wie Tests oder Referate übersteigen. Vielmehr orientieren sich authentische Leistungen an der Vielfalt in der realen Welt vorhandener Arbeitsprodukte wie etwa Interviews, Umfragen, Statistiken, Podcasts oder Kurzfilmen. Wo möglich, sollten Schüler:innen an der Auswahl ihres authentischen Lernprodukts beteiligt werden (Sliwka & Klopsch 2022, S. 128).

Prozessbegleitende Leistungsentwicklung

Durch die Entwicklung authentischer Leistungen gehen Lern-, Leistungs- und Prüfungswege ineinander über. Der gesamte Lern- und Arbeitsprozess, die finale Leistung, Rückmeldung und Bewertung verschmelzen zu einer Einheit, die dem tiefgründigen Verstehen dient. Wissen und Kompetenzen nehmen in authentischen Leistungen ihre Form an – etwa als Podcast oder Comic. Die Leistungen wirken (wo möglich) in der ‚realen' Welt, indem sie einem sorgfältig ausgewählten Publikum präsentiert und nicht als ‚Selbstzweck' für den Unterricht oder allein für den Zweck der Bewertung durch die Lehrkraft erstellt werden. Bei der Leistungsbewertung werden schließlich die Prozesse und Ergebnisse gleichermaßen betrachtet.

Strategien der dialogischen Leistungsentwicklung

Deeper Learning-Einheiten betonen statt der Leistungsbewertung am Ende einer Lehr-Lerneinheit die prozessbegleitende Leistungsentwicklung, denn jede Leistungsüberprüfung dient dem Lernzuwachs. Die Lehrkräfte stärken die Arbeits- und Lernprozesse der Schüler:innen prozessbegleitend und adaptiv. Sie nutzen formatives Feedback sowie passende Hilfe zur Selbsthilfe (Scaffolding) und tragen so zu einer hohen Qualität der Lernergebnisse bei.

Leistung entwickelt sich, indem Resonanz (Rosa 2021) zwischen Lernenden und Lernstoff entsteht. Das Ziel ist, dass die Leistungen authentisch in der Welt sichtbar und wirksam werden. Um die Leistungsentwicklung produktiv zu unterstützen, ist ein dialogischer Feedbackprozess zwischen Lernenden und Lehrkräften wichtig (Sliwka & Klopsch 2022, S. 127). Gegenseitige Rückmeldung sollte kontinuierlich über den gesamten Lernprozess hinweg stattfinden. Formatives Feedback (Black & Wiliam 1998) gewinnt deshalb an Bedeutung.

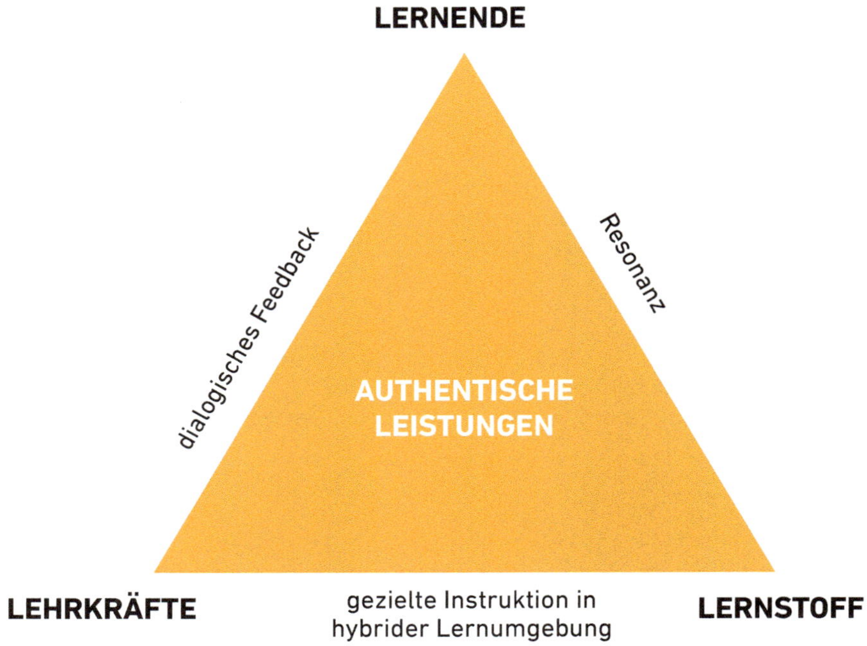

Abbildung 22: Dialogische Leistungsentwicklung (Sliwka & Klopsch 2022, S. 127)

Formatives Feedback

Formatives Feedback als Teil der dialogischen Leistungsentwicklung

Formatives Feedback wird während des Lernprozesses gegeben. Es zielt darauf ab, die Schüler:innen beim Lernen zu unterstützen und zu begleiten. Der aktuelle Stand der Lernenden wird zum Beispiel durch Gespräche, Reflexionsaufgaben, das Präsentieren eines Zwischenstandes, die Betrachtung eines begleitenden Prozessportfolios oder Unterrichtsbeobachtungen ermittelt und durch situativ passende Interventionen gestärkt (Yong 2018).

Ziel: Schüler:innen helfen, ihr Lernen zu verbessern

Die Lernenden erhalten beim formativen Feedback Informationen, die sie in Denk- und Handlungsprozessen stärken und ihnen helfen, ihr Lernen zu verbessern (Shute 2008). Wird formatives Feedback beim Deeper Learning kontinuierlich übermittelt, kann es sowohl den Lernweg als auch die authentische Leistung positiv beeinflussen. Dabei wird eine Verbindung zwischen individueller und kriterialer Bezugsnorm hergestellt und auch kleine Schritte zum Erfolg werden gesehen und gewürdigt (Jürgens & Lissmann 2015, S. 56).

Formatives Feedback passt zur Situation und zur Person

Formatives Feedback ist situationsnah und personenzentriert. Es macht die Anforderungen an die Lernenden transparent (Jürgens & Lissmann 2015, S. 56).

Positive Effekte

Forschungsergebnisse zeigen: Mit der formativen Begleitung geht eine „Steigerung der Motivation, des Durchhaltevermögens und die Entwicklung eines positiven Selbstkonzepts" einher (Dweck 2016). Dadurch stärkt formatives Feedback die Selbstwirksamkeit und erweist sich als effektiver als summatives Feedback (Hattie 2012).

Effektives formatives Feedback besteht aus zwei Komponenten: Zum einen erhalten die Lernenden eine Bestätigung, ob ihre Herangehensweise zielführend und ihre Inhalte richtig sind. Zum anderen erhalten sie Informationen, die den fortschreitenden Prozess leiten und unterstützen. Formatives Feedback regt Lernende zum Nachdenken über ihren individuellen Lernprozess an und ermöglicht so auch metakognitives Wissen. Durch die Prozessdiagnostik werden zudem Zeitmanagement und Selbstorganisation der Lernenden gefördert.

Praxistipp: Peer-Review-Verfahren oder Peer-Feedback
Viele digitale Lernmanagementsysteme bieten Ihnen die Möglichkeit, Peer-Review-Prozesse unkompliziert umzusetzen. Die Schüler:innenteams geben sich dabei gegenseitig anonym Rückmeldung zu festgelegten Feedback Rubriken. Auch durch geteilte Dokumente lässt sich ein Peer-Reviewprozess einfach realisieren.

Die formative Begleitung beim Deeper Learning erfolgt nicht nur durch die Lehrkräfte. Für die Feedbackarbeit gewinnen Peer-Feedback, Gruppenfeedback, Selbstreflexion und -evaluation an Bedeutung. Die Lernenden können auch von anderen Zielgruppen wie beispielsweise Expert:innen, anderen Lehrkräften, Eltern, Bürger:innen oder jüngeren/älteren Mitschüler:innen (Peer-Review-Verfahren) wertvolle Rückmeldung erhalten. Dabei lernen sowohl diejenigen, die Feedback geben, als auch diejenigen, die Feedback erhalten, etwas dazu, während zeitgleich die Ressourcen der Lehrkraft geschont werden.

Prozess und Produkt werden bei der Bewertung authentischer Leistungen gleichgestellt behandelt. Die Lernanstrengung der Schüler:innen wird umfassend und mehrperspektivisch erfasst. Es entsteht wenig Raum für Prüfungsangst.

Blick ins Klassenzimmer:
Dialogische Leistungsentwicklung bei der Unterichtseinheit "Essayistisches Schreiben" im Fach Deutsch

Nachdem die Lerngruppe der Sekundarstufe II sich ein Verständnis des Konzepts Essay als Wissenfundament erarbeitet hat, kann die nächste Phase beginnen. Die Lernenden sollen in Autor:innenteams einen eigenen Essay als authentische Leistung verfassen. Den Auftakt der Ko-Konstruktionsphase bildet eine Einführung in verschiedene Subthemen des Rahmenthemas ‚Bildung in der Zukunft'. Im Anschluss daran findet die Gruppenfindung nach dem Voice & Choice-Prinzip durch die interessengeleitete Wahl des Essaythemas statt. Die Lernenden können sich dabei frei für dasjenige Thema entscheiden, das ihnen am bedeutungsvollsten oder relevantesten erscheint. Die maximale Gruppengröße von vier Personen darf jedoch nicht überschritten werden.

Dieses Vorgehen trägt zu authentischen Lernerfahrungen bei, die mit der Lebenswelt der Schüler:innen in Verbindung stehen, und berücksichtigt zugleich die Identitätsentwicklung der Lernenden.
Innerhalb dieser Phase gewinnen zudem digitale Technologien an Bedeutung. So erstellt jede Gruppe zunächst mindestens einen Zoho-Account, um den Essay gemeinsam online bearbeiten zu können. Darüber hinaus erhalten die Lernenden durch die Moodle-Plattform der Schule Zugang zu vorab vorbereiteten Dossiers zu den verschiedenen Themen. Sie finden dort außerdem weiteres Unterstützungsmaterial wie eine digitale Editierhilfe, Checklisten und eine Übersicht zur Projektorganisation.

So beginnt eine intensive Recherche der ausgewählten Themen und die Dossiers werden begleitend von den Lernenden ergänzt. Im Anschluss formulieren die Lernenden erste Textentwürfe und -fragmente, die sowohl analog als auch digital diskutiert wurden – und zwar inhaltlich, strukturell und grammatikalisch. Als besonders hilfreich empfinden die Lernenden hier die die Zoho-Funktionen, mit der die Änderungen der Mitschüler:innen nachvollzogen und kommentiert werden können. Für die Lehrpersonen ist es auf dieselbe Weise möglich, den Schreibprozess und den Fortschritt der Gruppen nachzuvollziehen und ein dazu passendes Unterstützungsangebot anzubieten.

Entwickelt von Annegret Lösener vom Kurfürst-Friedrich-Gymnasium Heidelberg in Kooperation mit Studierenden der Universität Heidelberg

Nach der Fertigstellung eines ersten Entwurfs, beginnt ein Peer-Feedback-Verfahren. Jede Gruppe gibt dabei – ganz im Sinne eines Critical Friends – einem anderen Team Rückmeldung und Impulse, wie der Essay noch verbessert werden könnte. Die Schüler:innen korrigieren daraufhin Fehler im Text, formulieren Verbesserungsvorschläge und diskutieren rege über inhaltliche Fragen. Die Lehrpersonen ergänzen in den darauffolgenden Tagen das Feedback der Schüler:innen. Mithilfe dieser Impulse gelingt es, den Essay zu überarbeiten, zu korrigieren und schließlich fertigzustellen.

Insgesamt gehört sowohl der Schreibprozess, als auch der fertige Essay und das Veröffentlichen des Essays auf der Schulhomepage zur authentischen Leistung. Im Schreibprozess entwerfen die Lernenden eigene Analysen und Prognosen zum Zeitgeschehen, entscheiden sich für eigene Positionen, diskutieren diese und veranschaulichen sie dann schriftlich. Auf diese Qualitätsmerkmale des Arbeitsprozess legt das Lehrkräfteteam besonders wert. Um den Arbeitsprozess klar zu strukturieren und den Schreibprozess konstruktiv anzuregen, hat sich das Lehrkräfteteam in der Co-Design-Phase für ein Peer-Feedback-Verfahren entschieden. So erhalten die Lernenden Impulse dazu, neue Formulierungen auszuprobieren, geistreiche Ideen zu integrieren und Kerngedanken besser als zuvor von Unwesentlichem zu unterscheiden. Die formative Rückmeldung trägt dazu bei, dass die Essays zu vielschichtigeren, originelleren Werken werden.

Die Idee zur Veröffentlichung der Arbeitsergebnisse kommt von den Schüler:innen selbst. So entscheidet sich die Lerngruppe dafür, ihre Essays digital zu publizieren und sie auf der nachfolgenden, selbst entwickelten Website einem breiten Publikum zugänglich zu machen:
https://schulederzukunft-uddl.jimdofree.com/unsere-essays/

Die SOLO-Taxonomie

Qualität erkennen, Qualität benennen

Die SOLO-Taxonomie eignet sich als Instrument, um formatives Feedback zu geben. Sie kann dabei helfen, die Qualität von Lernprozessen präzise zu definieren, und so zu formulieren, dass Erwartungen und Qualitätsmerkmale für Lernende verständlich werden (Biggs & Collis 1982). Man kann SOLO auch als eine gemeinsame Sprache über das Lernen verstehen. Das Akronym SOLO steht für **S**tructure of the **O**bserved **L**earning **O**utcome. Wir übersetzen das als Struktur des beobachteten Lernergebnisses (Sliwka & Klopsch 2022, S. 139).

Kurz erklärt: SOLO-Taxonomie
Die SOLO-Taxonomie ist ein Modell oder eine Taxonomie zur Klassifikation von Lernprozessen (Biggs & Collis 1989; Hook 2016). Sie kann in zahlreichen Lernsituationen angewandt werden und umfasst eine Skala aus fünf Stufen, die Lernende während des Lernprozesses durchlaufen: vorstrukturell, unistrukturell, multistrukturell, relational und erweitert abstrakt. Die Identifikation der Stufe auf der ein:e Lernende:r gerade steht, gibt uns Hinweise über den aktuellen Lernstand. Daran anknüpfend können wir über die Leistungsentwicklung in einen Dialog mit den Lernenden kommen und so eine Leistungssteigerung anregen.

Die SOLO-Stufen verstehen

Mithilfe der SOLO-Taxonomie können Lernprozesse individuell zielgerichtet unterstützt werden. Sie trägt dazu bei, Lernstände einzuschätzen und darauf aufbauend festzulegen, welche Schritte für den jeweiligen Lernprozess als nächstes zu vollziehen sind (Sliwka & Klopsch 2022, S. 139 ff.).

Personalisierte Leistungsentwicklung

Die Skala der SOLO-Taxonomie lässt sich in zwei Bereiche aufgliedern. Zunächst die des oberflächlichen Lernens (Stufe 1 und 2). Hier findet quantitatives Lernen statt, das Wissensvolumen nimmt also zu. Die Stufen 3 und 4 beschreiben eine qualitative Entwicklung zum tiefen Lernen. Die Schüler:innen bewegen sich im Idealfall vom quantitativen zum qualitativen Lernen. Dabei beginnt der Lernweg an unterschiedlichen Stellen. Je weiter sie voranschreiten, desto vernetzter, abstrakter, komplexer und herausfordernder wird der Lernweg.

Oberflächliches und tiefes lernen

In der nachfolgenden Tabelle werden die Stufen der SOLO-Taxonomie vorgestellt (Hook 2018), erläutert und anhand eines Beispiels vereinfacht veranschaulicht.

SOLO

	Stufe	Beschreibung	Beispiel
	Stufe 0: Vorstrukturell	• Der oder die Lernende weiß nicht, was er oder sie tun soll. • Der oder die Lernende hat das Problem, die Aufgabe, die Idee oder das Konzept (noch) nicht verstanden. • Es wird Hilfe beim Beginn der Auseinandersetzung mit dem Thema benötigt. • Der oder die Lernende benennt irrelevante Aspekte.	„Ich benötige Hilfe, um zu verstehen was Nachhaltigkeit bedeutet."
Oberflächliches Lernen	**Stufe 1: Unistrukturell**	• Der oder die Lernende kann einen Aspekt ohne offensichtliche Verknüpfungen benennen. • Ihm oder ihr gelingt es, die entsprechende Terminologie zu nennen, sich etwas zu merken oder einfache Vorgehensweisen auszuführen. • Die Lernergebnisse zeigen einfache Zusammenhänge, aber deren Bedeutung wird nicht erkannt. SOLO-Verben: identifizieren, definieren, einfaches Verfahren durchführen	„Ich weiß, was ökologische Nachhaltigkeit bedeutet."

Oberflächliches Lernen	**Stufe 2: Multistrukturell** 	• Der oder die Lernende kann mehrere Aspekte benennen, diese stehen aber noch recht unverbunden nebeneinander. • Er oder sie kann Dinge zeigen, beschreiben, klassifizieren, Methoden anwenden, strukturieren und mehrschrittige Vorgehensweisen durchführen. • Ein oberflächliches Verständnis wird konsolidiert. SOLO-Verben: nennen, beschreiben, auflisten, kombinieren, etwas durchführen	„Ich kann neben ökologischer Nachhaltigkeit auch die Konzepte von ökonomischer und sozialer Nachhaltigkeit erklären."
Tiefes Lernen	**Stufe 3: Relational** 	• Der oder die Lernende erreicht und konsolidiert ein tiefes Verständnis. • Der oder die Lernende kann Beziehungen zwischen mehreren Aspekten des Themenfeldes verstehen und erkennt, wie sie zusammengehören, um ein Ganzes zu bilden. • Das Verständnis dient als Struktur, um Dinge zu vergleichen, aufeinander zu beziehen, zu analysieren, Theorien anzuwenden und im Sinne von Ursache und Wirkungen zu beschreiben. SOLO-Verben: klassifizieren, gliedern, vergleichen, kontrastieren, Ursachen erklären, analysieren, in Beziehung setzen, anwenden	„Ich kann einen Zusammenhang zwischen den drei Dimensionen der Nachhaltigkeit herstellen und nach diesem Prinzip handeln."
	Stufe 4: Erweitert abstrakt 	• Der oder die Lernende kann Ideen und neues Wissen abstrahieren, erweitern und auf andere Zusammenhänge übertragen. • Lernergebnisse gehen über das Fach hinaus und stellen Verbindungen zu anderen Konzepten her. • Der oder die Lernende kann die erlernte Struktur verallgemeinern, abstrahieren, das Themenfeld aus unterschiedlichen Perspektiven analysieren und die Inhalte bzw. das Erlernte auf neue Themenfelder beziehen. • Er oder sie kann Verknüpfungen herstellen, die bislang nicht thematisiert wurden, und kann kreativ und/oder analytisch Neues entwickeln und reflektieren. SOLO-Verben: eine Theorie aufstellen, generalisieren, eine Hypothese aufstellen, reflektieren, bewerten, vorhersagen, synthetisieren, abstrahieren	„Ich kann nun beurteilen, inwiefern etwas nachhaltig ist und Thesen dazu entwickeln, welche Innovationen und Interventionen wir für ein nachhaltiges Morgen benötigen."

Abbildung 23: SOLO-Taxonomie - Stufen in der Übersicht (basierend auf Sliwka & Klopsch 2022, S. 140; Hook 2018)

Über Leistungsentwicklung sprechen

Insgesamt bietet SOLO den Lehrenden und Lernenden die Möglichkeit, konkret und reflektierend über den Lernprozess zu sprechen. Zum Beispiel wie folgt:

- Auf welcher Stufe befindet sich dein Lernprozess jetzt? Mein aktuelles Tun entspricht dem Level..., Ich sage das, weil...
- Wie kannst du dich verbessern? Was sind deine nächsten Schritte? Welche Strategie könntest du jetzt nutzen, um die nächste Stufe zu erreichen? Um mich zu verbessern muss ich...

2.7 Hybride Lernumgebungen

Deeper Learning findet im Idealfall in hybriden Lernumgebungen statt. Was bedeutet das? Bei einer hybriden Lernumgebung wird der traditionelle schulische Raum durch außerschulische und virtuelle Lernorte erweitert. Schule und Unterricht öffnen sich und werden durch die Verknüpfung mit der realen Lebenswelt bereichert.

Schulen öffnen sich für neue Lernumgebungen

So wird das Lernen im Schulgebäude, zuhause sowie an außerschulischen Lernorten über die digitale Vernetzung zu einem kohärenten Ganzen verbunden (Sliwka und Klopsch 2020).

Lernen im realen Leben

Abbildung 24: Was bedeutet ‚hybrid' beim Deeper Learning?

Eine digitale Lernumgebung vorbereiten

Eine vorbereitete digitale Lernumgebung als Strukturierungshilfe

Ein Teil der Vorbereitung von Deeper Learning-Unterrichtseinheiten besteht darin, die digitale Lernumgebung zu gestalten. Die Lehrkräfte bilden dazu alle drei Phasen einer Deeper Learning-Einheit in einem Kurs im Lernmanagement-System der Schule ab. Dazu gehört, dass sie passende Kurztexte schreiben und Termine, Deadlines und Meilensteine festlegen. Diese vorbereitete digitale Lernumgebung steht den Schüler:innen während der gesamten Deeper Learning-Einheit zur Verfügung. Typischerweise umfasst sie die folgenden Elemente:

Elemente digitaler Lernumgebungen beim Deeper Learning

- Ein kurzer **Einleitung**stext und/oder Video erklärt den Lernenden, um welches Thema es in der Einheit gehen wird, warum das Thema für sie relevant und interessant ist und mit welchen Kompetenzen die Lernenden sich in der Einheit auseinandersetzen werden.

- Ein **Zeitplan** skizziert den zeitlichen Ablauf der Einheit und benennt zentrale Termine und Meilensteine.

- Ein virtueller ‚**Medienraum**' oder ‚**Materialspeicher**' führt Bildungsmedien (Videos, Audiomaterial und Texte) zum Thema zusammen. Diese sind nach Schwierigkeitsgrad (auf vier Stufen entlang der SOLO-Taxonomie) gestuft. Vor allem in der ersten Phase der Wissensaneignung spielt dieser Materialspeicher eine zentrale Rolle, aber auch in der zweiten und dritten Phase können die Lernenden hier flexibel auf Wissensressourcen zugreifen.

- Das von den Lernenden am Ende von Phase I nachzuweisende **Wissensfundament** einschließlich der fachlichen Schlüsselkonzepte wird transparent und nachvollziehbar dargestellt.

- Wichtige **Aufgaben** im Laufe einer Einheit (und die damit verbundenen Meilensteine/Termine) sind in der gewünschten Reihenfolge abgebildet, ggf. in Kurzvideos erklärt und es gibt eine Struktur, in die die Lernenden ihre Leistungen/Reflexionen hochladen können.

- In einem ‚**Toolraum**' finden sich alle zentralen Hilfsmaterialien für die Lernenden (z.B. Checklisten zur Arbeitsorganisation, digitale Kanban-Boards, App- und Tool-Links und Tipps zur Gestaltung der authentischen Leistung).

2.8 Qualitätscheckliste

Mithilfe dieser Checkliste können Sie auf ihren eigenen Unterricht blicken und sukzessive mehr Elemente von Deeper Learning implementieren.

Zum Abhaken

☐ **Unterrichtsdesign in Phasen**

- Umfasst die Deeper Learning-Einheit eine Phase der Instruktion und Aneignung, eine Phase der Ko-Konstruktion und Ko-Kreation und in die Erarbeitung einer authentischen Leistung?
- Sind alle drei Phasen aufeinander abgestimmt?

☐ **Wissensarchitektur**

- Bietet das Unterrichtsdesign den Lernenden Möglichkeiten zum Erwerb von sowohl deklarativem und konzeptuellem als auch prozeduralem und metakognitivem Wissen?
- Wie eignen sich die Lernenden dieses Wissen jeweils tiefgreifend an?

☐ **21st Century Skills**

- Bietet das Unterrichtsdesign den Lernenden Möglichkeiten zur Aneignung/ zum Trainieren der 4K (Kommunikation, Kooperation, kritisches Denken und Kreativität)?

☐ **Voice & Choice und Student Agency**

- Gibt es während der Deeper Learning-Einheit eine Entwicklung von einer eher lehrer:innenorganisierten Ausgangssituation zu einer eher von den Lernenden organisierten oder sogar gesteuerten Lernphase?
- Erhalten die Lernenden sukzessive mehr Eigenverantwortung und Gestaltungsfreiraum?
- Welche konstruktive Unterstützung durch die Lehrkraft benötigen die Lernenden, um selbstständiger und verantwortungsbewusster Lernen zu können?

☐ **Kooperatives Unterrichtsdesign & kooperative Professionalität**

- Wurde die Deeper Learning-Unterrichtseinheit im Team mit anderen Lehrkräften konzipiert, geplant und durchgeführt?

☐ **Leistungsentwicklung**

- Steht eine prozessbegleitende Leistungsentwicklung anstelle einer Leistungsbewertung am Ende im Fokus?
- Gab es Zwischenziele, welche die Lernenden im Prozess erreichen sollten?
- Haben die Lernenden Feedback zu ihren Zwischenergebnissen und Entwürfen erhalten/ gegeben?

☐ **Authentische Leistung**

- Besteht ein Wissensfundament, auf dessen Grundlage sich individuelle, authentische Leistungen entfalten können?
- Werden unterschiedliche Bereiche (individuelle Lebenswelt, Arbeitswelt, Fachdisziplin) miteinbezogen?
- Gelingt es den Lernenden in der vorgegebenen Zeit, eine authentische Leistung (Produkt, Performanz) fertigzustellen?
- Wie wurde die authentische Leistung dargeboten?

☐ **Hybride Lernumgebung**

- Wurden außerschulische Lernorte/spezielle Lernorte auf dem Schulgelände einbezogen?
- Können die Lernenden auch digital/zuhause an ihrer Lernleistung weiterarbeiten?
- Können die Lernenden auf eine digitale Lernumgebung zur Unterrichtseinheit zugreifen?

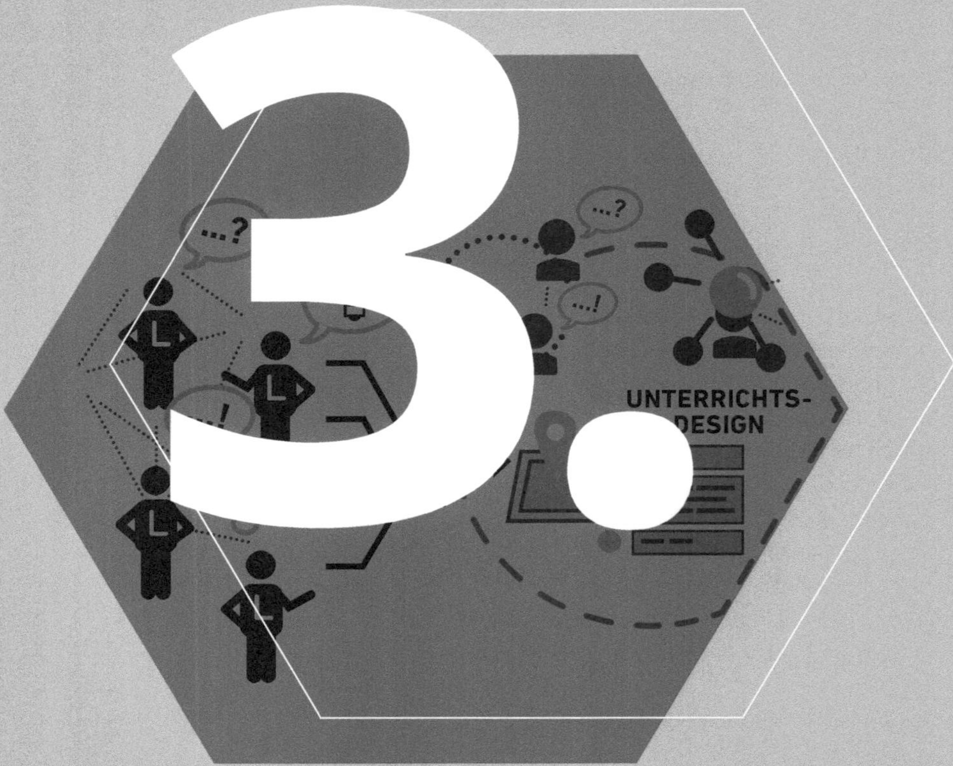

3. Deeper Learning-Einheiten designen

3.1 Lerndesign

Die große Vielfalt des Deeper Learning macht die Unterrichtsplanung zugleich reiz- und anspruchsvoll. Eine Herausforderung liegt darin, dass Freiheit und Eigenverantwortung in ein strukturiertes Unterrichtsgeschehen integriert sind. Es gilt, eine passende Balance zwischen Struktur und Offenheit zu finden und die pädagogischen Ideen des Deeper Learning zu einer stimmigen, in sich schlüssigen Einheit zu verbinden.

Die passende Balance finden

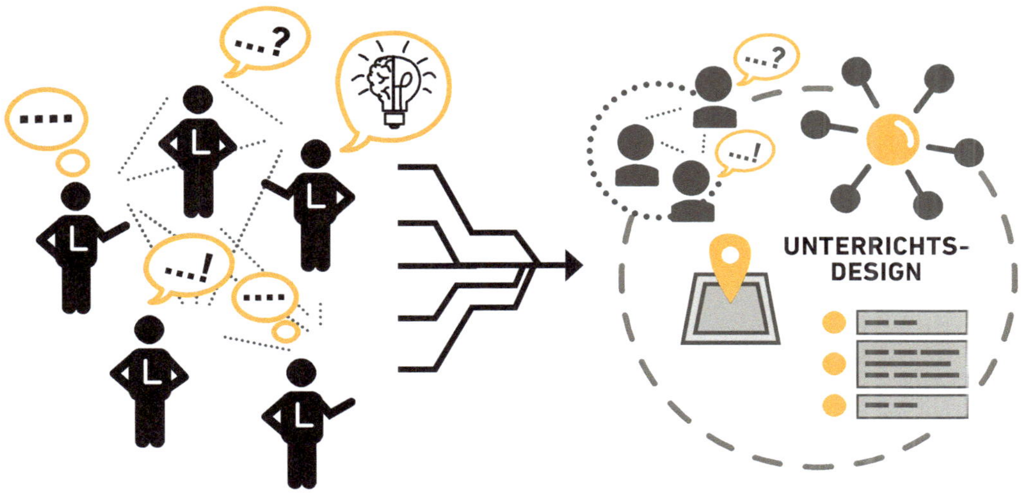

Abbildung 25: Kooperatives Unterrichtsdesign (Sliwka & Klopsch, S. 151)

Das Lern- bzw. Unterrichtsdesign fußt beim Deeper Learning auf einer Verschmelzung von zeitgenössischen Designtraditionen – etwa Instructional Design, Backwards Design, Design Thinking, Learning Experience Design oder Universal Design for Learning. Im Kontext von Bildung und Schule erfährt die Designorientierung aktuell einen Boom und spiegelt die Hinwendung zu komplexen, lernendenzentrierten Lernerfahrungen wider (Laurillard 2012; Reigeluth et al. 2017; Reigeluth 2021). Das Lerndesign orientiert sich an den Bedürfnissen der Lernenden – genau wie sich das Design von Möbeln oder Autos an den Bedürfnissen der Nutzer:innen orientiert.

Was bedeutet Lern- / Unterrichtsdesign?

Zielorientierter und nutzer:innenzentrierter Designprozess

Anlass für einen Designprozess ist ein Bedarf, den es zu decken oder ein Problem, das es zu lösen gilt. Designer:innen arbeiten im Designprozess ‚vom Ziel her', also ausgehend von ihrer Vorstellung des gewünschten Ergebnisses und den Bedürfnissen der Zielgruppe. Sie haben Eigenschaften des gewünschten Ziels vor Augen, die sich aus dem Bedarf oder Problem ableiten, etwa ein energieeffizienter Wagen, ein schickes Möbelstück oder ein besonders nachhaltiger Kaffeebecher. Im Designprozess kommen sie dem Ziel durch Entwürfe und schrittweise Erprobungen in iterativen Zyklen näher; dabei kanalisiert der Prozess die Kreativität der Designer:innen.

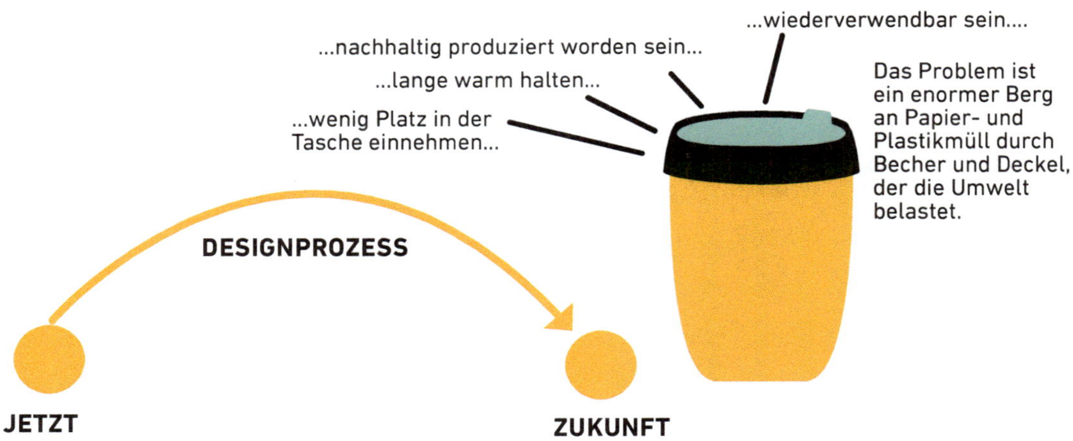

Abbildung 26: Designprozess

Lerndesign

Genau diese Grundgedanken des Designs finden wir auch beim Lern- bzw. Unterrichtsdesign. Lerndesign meint eine professionelle Praxis, die sich der Gestaltung, Umsetzung und Weiterentwicklung von Lernressourcen und -erfahrungen widmet (Wagner 2021).

Kurz erklärt: Lerndesign beim Deeper Learning
Ein „Lerndesign ist [...] ein kreativer Weg, der aus unterschiedlichen Etappen besteht und Lernende von einem Startpunkt zu einer nachhaltigen Veränderung ihres Wissens, Handelns, Könnens oder Seins führt" (Wagner 2021). Lehrkräfte schaffen beim Lerndesign eine „Lernumgebung und passende Bedingungen, die Schüler:innen motivieren und zum [tiefen] Lernen befähigen" (Laurillard 2012, S. 66).

Beim Deeper Learning wird das Lerndesign in einem flexiblen, iterativen Planungsprozess während der Co-Designphase, im Team entwickelt. Die Gestaltung von Lernerfahrungen erfolgt nach Designprinzipien mit Zielen für die jeweilige Lerngruppe vor Augen. Die Ziele werden zum einen in einem Wissensfundament und in darüber hinausführenden Designzielen festgehalten und können auf unterschiedliche Weise durch die Lernenden erreicht werden.

Phase 0

Ein Lerndesign zielt darauf ab, Lernprozesse zu ermöglichen und zum Lernen zu befähigen (Reigeluth et al. 2017; Wagner 2021). Die Co-Designphase umfasst die Strukturierung des Unterrichtsgeschehens, die Selektion oder Gestaltung von Lernressourcen sowie die Gestaltung einer hybriden Lernumgebung. Durch diese holistische Herangehensweise an den Designprozess kann ein stimmiges Ganzes – eine Deeper Learning-Einheit – entstehen.

Co-Design beim Deeper Learning

Tätigkeiten beim Co-Design

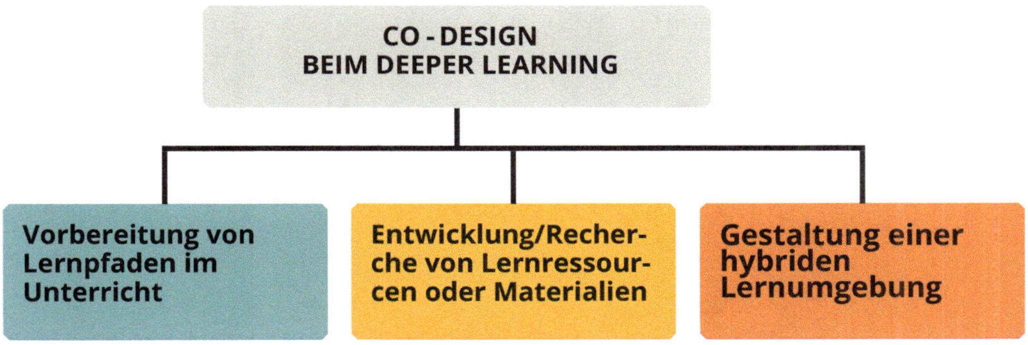

Abbildung 27: Facetten des Co-Design beim Deeper Learning

Übersicht - Besonderheiten des Co-Design

Werfen wir einen Blick darauf, was es heißt, als Lerndesigner:in ein Umfeld für tiefenwirksame Lernerfahrungen zu gestalten.

- **Co-Designphase**: Lehrkräfte schaffen (gemeinsam mit Kolleg:innen) passende Rahmenbedingungen, entwickeln und wählen Strategien, Ressourcen, Werkzeuge und Plattformen, die Lernende motivieren und engagiert lernen lassen.

- **Designziel**: Lehrkräfte machen den Lernenden tiefgehendes Wissen zugänglich und öffnen zugleich Räume zur Partizipation. Alle Lernenden sollen ein solides Wissensfundament erreichen und darüber hinausführende Lernziele verfolgen. Der individuelle Lernprozess wird nicht ‚gedeckelt'. Stattdessen werden die „Ziele der Lernenden mit den Zielen der Lehrkraft in Einklang gebracht" (Laurillard 2012, S. 68) .

- **Kreativ werden**: Deeper Learning-Einheiten ermöglichen eine deutlich offenere Planung als traditioneller Unterricht und eröffnen Raum für gestalterische Freiheiten und Kreativität. So können die Lehrkräfte persönliche Interessen mit einbringen.

- **Design im Team**: Lehrkräfte entwickeln, verbessern (und unterrichten) in Teams Deeper Learning-Einheiten. Diese Arbeitsteilung kann jede:n stark entlasten.

- **Nachhaltigkeit**: Lerndesigns können vom gesamten Kollegium oder sogar an verschiedenen Schulen viele Jahre lang verwendet und aktualisiert werden.

- **Vernetzung und Transfer**: Kooperationen und Austausch lassen Ideen diffundieren und sorgen für eine kohärentere, stärker abgestimmte und besser vernetzte Lernlandschaft an einer Schule – und über diese hinaus.

Entwicklung des Deeper Learning-Unterrichtsdesigns

Planungsschritte beim Co-Design

Auch beim Deeper Learning verläuft der Co-Designprozess entlang eines iterativen Zyklus, bestehend aus den folgenden Planungsschritten:

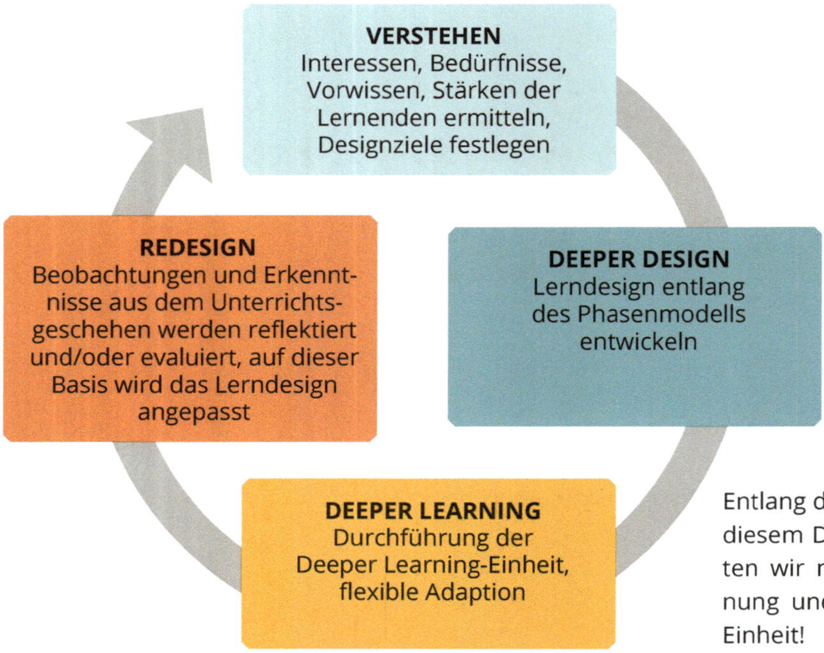

Abbildung 28: Designleitfaden

Entlang dieser Planungsschritte, die wir für Sie in diesem Designleitfaden strukturiert haben, starten wir nun in die konkrete Vorbereitung, Planung und Durchführung der Deeper Learning-Einheit!

Hands-on Deeper Learning

Sie können das Vorgehen ganz an Ihre Situation und Erfahrungen anpassen. Vielleicht haben Sie Lust, einmal den gesamten Designprozess auszuprobieren und für Ihre Unterrichtsplanung zu nutzen oder sich von einzelnen Teilen daraus inspirieren zu lassen. Möglicherweise werden Sie auch dazu angeregt, Ihre eigenen Gestaltungswege für eine Deeper Learning-Einheit zu entwickeln.

Organisation

Zunächst stehen einige grundlegende Überlegungen an. Zum schnell Durchgehen:

Organisatorische Weichenstellungen

Möchten Sie Deeper Learning im Team entwickeln oder zunächst allein Erfahrungen sammeln?
- ☐ Design im Team ► Wenn Sie über ein Design im Team nachdenken, können Sie nachfolgend weiterüberlegen
- ☐ Zunächst allein erproben ►Wenn Sie Deeper Learning zunächst allein erproben möchten, können Sie den nächsten Abschnitt überspringen

Co-Designteam gründen

Zuallererst gilt es, Mitstreiter:innen für das Co-Designteam zu finden. Dabei können diese Fragen helfen:
- Mit welchen Kolleg:innen konnten Sie in der Vergangenheit ein gutes Team bilden? Mit wem stimmt die Chemie?
- Welche Kolleg:innen unterrichten dieselbe Klasse oder dasselbe Fach wie Sie?
- Von welchen Kolleg:innen können Sie etwas lernen oder an wen möchten Sie Erfahrung weitergeben?
- Welche weitere fachliche Expertise benötigen Sie, um ein Thema, dass Ihnen vorschwebt, als Deeper Learning-Einheit umzusetzen? Welche Kolleg:innen unterrichten dieses Fach?
- Unterrichten Sie in einem Fächerverbund?

Für den Anfang sind Teams aus zwei bis drei Personen ein guter Start. Falls Sie schon mehr Erfahrung mit Unterrichtsentwicklung im Team haben oder an Ihrer Schule schon gute Strukturen für Teamarbeiten vorliegen, kann auch ein größeres Team reizvoll sein.

Es lohnt sich, gleich zu Beginn festzulegen, auf welchem Weg und in welcher Frequenz Sie sich mit Ihrem Team austauschen möchten, und einen geteilten Ordner online anzulegen, auf den Sie alle zugreifen können.

Fach oder Fächerverbund festlegen

Je nach Expertise der Kolleg:innen und den Rahmenbedingungen an Ihrer Schule können Sie nun festlegen, ob Ihre Deeper Learning-Einheit:

- ☐ Ein fachliches Thema/Phänomen ansprechen soll (z.B. Märchen, Essay, Gravitation)
- ☐ Ein überfachliches Thema/Phänomen betrachtet (z.B. Klimawandel, soziale Ungleichheit, Kriminalität)

Beide Varianten können zu spannenden und tiefgreifenden Lernwegen führen. In beiden Fällen repräsentiert der/die jeweilige Kolleg:in den fachlichen Zugang zum Thema. Bei fächerübergreifenden Unterrichtseinheiten kommt die jeweilige Perspektive des Faches auf das Phänomen hinzu, wodurch für die Lernenden multiperspektivische Betrachtungen möglich werden.

Klassenstufe festlegen

Parallel dazu gilt es, zu entscheiden, in welcher Klassenstufe Sie die Einheit anbieten möchten. Je nach Lerngegenstand kann es auch spannend sein, eine jahrgangsübergreifende Einheit zu planen. Zum Beispiel, wenn Lernende ein Produkt kreieren, das sich an jüngere Schüler:innen richtet.

- ☐ In welchen Klassenstufen könnte unser Team eine Einheit anbieten?
- ☐ Zu welcher Klassenstufe passt der angedachte Inhalt?
- ☐ Bietet sich ein jahrgangsübergreifendes Lernen an (für Deeper Learning-Profis)?

Themeneingrenzung

Legen Sie nun ein geeignetes Thema für die Einheit fest. Diese thematischen Eingangstüren in den Designprozess können beim Festlegen helfen:

- ☐ Bildungsstandards: Welche Deeper Learning-geeigneten Konzepte finden sich in den inhaltlichen Standards (z.B. Ökologie, literarische Texte verfassen, usw.)?
- ☐ Themenfelder: Welche besonders wichtigen, kontroversen, aktuellen oder zukunftsrelevanten Themen könnten interessant für alle sein?
- ☐ Schlüsselressourcen: Gibt es Texte, Filme oder andere Medien, die Lernende für ein Thema begeistern können?
- ☐ Bereits entwickelte Unterrichtseinheiten: Gibt es eine bereits existierende Einheit, mit der Sie den Schritt zum Deeper Learning wagen und diese entsprechend umplanen.

Themenfeld einer Deeper Learning-Einheit strukturieren

Die folgende Strukturierungshilfe unterstützt Sie in der ersten Grobstrukturierung Ihres Themenfelds und kann sukzessive ergänzt werden. Dadurch kommen Sie der thematischen Rahmung Ihrer Deeper Learning-Einheit Schritt für Schritt näher. Sammeln Sie alle Ideen. Es geht noch nicht um die konkrete Planung.

Strukturierungshilfe für Lehrkräfte

Verwandte/übergeordnete Themen

Thema/ Phänomen

Schlüsselaspekte oder - konzepte

Detaillierte Definition

Beispiele

Format der Unterrichtseinheit festlegen

Welches Lernformat bietet sich für Ihre Einheit an?

☐ Regelunterricht ☐ Wahlpflichtkurse ☐ Seminarkurs
☐ Unterricht im Fächerverbund ☐ AG ☐ Projektwoche
☐ In freien Lernzeiten
☐ Kombination (z.B. Regelunterricht für Phase I, Projektwoche für Phase II und III)

Nun, da wesentliche und grundlegende Entscheidungen getroffen sind, lassen Sie uns mit dem ersten Schritt des eigentlichen Lerndesigns beginnen.

3.2 Die Lernenden verstehen und passende Designziele festlegen

Designziele festlegen und Lernende verstehen

Der erste Designschritt dient dazu, die Lerngruppe zu verstehen und Designziele – das sind tiefgehende, übergeordnete Lern- und Kompetenzziele – zu identifizieren, sodass wir sie beim konkreten Design der Phasen nicht aus den Augen verlieren. Diese werden immer von den Lernenden aus gedacht, so bleiben die Schüler:innen stets im Zentrum des Lerndesigns.

Während des Schritts ‚Verstehen' im Designzyklus geht es zunächst darum, eine grobe Skizze der gesamten Unterrichtseinheit zu entwerfen und das Lerndesign an die Lerngruppe anzupassen. Dabei lohnt es sich, folgende Fragen zu durchdenken:

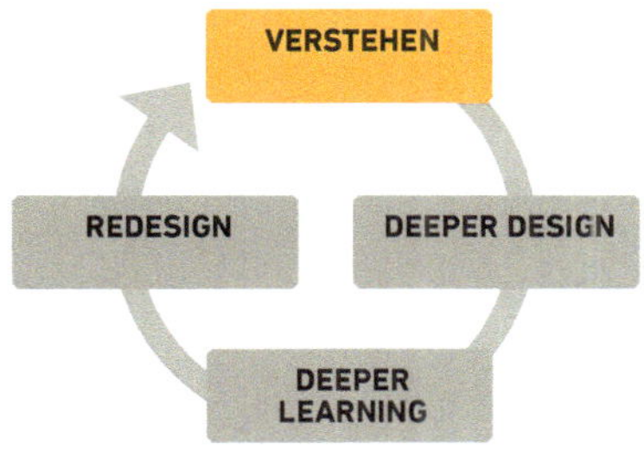

Impulse zur Diskussion für Lehrkräfteteams

VERSTEHEN

DESIGNZIELE

Was sollen die Lernenden verstehen?

Was sollen die Lernenden WISSEN?

- Welche zentralen fachlichen Konzepte, großen Ideen oder Phänomene sollen die Lernenden verstehen? Warum ist dieses Thema wichtig für die Lernenden?
- Welche Fragen rahmen die Einheit und führen zu einer tiefgreifenden Auseinandersetzung?

Was sollen die Lernenden ZEIGEN?

- Welche 21st Century Skills sollen die Lernenden trainieren?

Welche HALTUNG sollen die Lernenden entwickeln?

Woran erkennen wir, dass der Lernprozess erfolgreich war?

- Welche Lernziele sollen mindestens erreicht werden (Vorbereitung: Wissensfundament)?
- Welche Standards müssen erfüllt werden, damit die Leistung akzeptabel ist?
- Durch welche (authentischen) Leistungen wird der Lernerfolg sichtbar?
- Welche Lernprodukte spiegeln die Auseinandersetzung der Lernenden mit dem Unterrichtsinhalt am besten wider? Welche Lernprodukte könn(t)en die Lernenden kreieren?

VERSTEHEN

Was wissen wir über die Lernenden?

- Welches Vorwissen bringen die Lernenden mit?
- Welche Stärken, Bedürfnisse, Fähigkeiten und Interessen haben die Lernenden?
- Wie lassen sich diese berücksichtigen?
- Welche Lernpfade passen zur Lerngruppe?
- Was motiviert die Lerngruppe?

Designziele identifizieren

Zuerst geht es darum, den groben Rahmen und wesentliche Ziele festzuhalten. Nehmen Sie sich ein paar Minuten Zeit und notieren oder skizzieren Sie in Bezug auf Ihr Deeper Learning-Vorhaben alle Einfälle und Assoziationen zu den folgenden Fragen:

Brainstorming Welche zentralen fachlichen Konzepte, großen Ideen oder Phänomene sollen die Lernenden am Ende der Einheit verstehen?
Durch welche (authentischen) Leistungen könnte der Lernerfolg sichtbar werden? Welche Lernprodukte könn(t)en die Lernenden kreieren?

Vervollständigen Sie im Anschluss folgende Sätze für sich:

Bedarf feststellen

Eine Deeper Learning-Einheit über ______________________________ sollte es geben,

weil ______________________________ (Zielgruppe ergänzen z.B. Klasse 8) noch nicht

______________________________.

Übergeordnete Designziele klären

Am Ende der Deeper Learning-Einheit ______________________ (Titel oder Thema ergänzen) werden die Lernenden dazu in der Lage sein:

- Designziel 1:
- Designziel 2:
- Designziel 3:
- ...

Tipp: Designziele sind übergeordnete Ziele einer Einheit. Das Festlegen von drei bis fünf Designzielen genügt daher.

Beispiel: Designziele der Deeper Learning-Einheit „genome biology – Die Welt der Gene"

Am Ende der Deeper Learning-Einheit 'genome biology – Die Welt der Gene' werden die Lernenden dazu in der Lage sein:

- D1: komplexe, molekularbiologische Wirkmechanismen im Genom zu erklären und zu visualisieren (Wissenschaftskommunikation).
- D2: wissenschaftliche Poster mit einem Grafikdesignprogramm zu entwickeln.
- D3: die Wahlthemen miteinander zu verknüpfen und kritisch zu kontextualisieren.
- D4: eine eigene Fragestellung innerhalb des Themenfelds zu finden und auf kreative Weise zu beantworten.

Wo steht meine Lerngruppe?

Dieses Tool (oder Teile daraus) können Sie vor dem Design der Einheit nutzen, um besser einschätzen zu können, was die Lernenden in den Prozess mitbringen. Manchmal lassen sich durch diese ‚Anamnese' gute Impulse für Voice & Choice-Optionen oder Lernpfade ableiten.

Entwickelt vom Deeper Learning-Team des Stromberg-Gymnasium

Liebe Schülerin, lieber Schüler,
wir würden gerne mehr über dich erfahren, um deine Lernprozesse mit dir so zu gestalten, dass du mit Freude möglichst viel lernen kannst.
Bitte antworte deshalb ehrlich!

Name: ____________________

I. Fragen zum Thema: ______________________________ *(Thema der Einheit ergänzen)*

1. Unter dem Thema stelle ich mir folgendes vor:

2. Wieviel weißt du schon zum Thema auf einer Skala von 1 – 7?
Bitte ankreuzen

1	2	3	4	5	6	7

Das Thema ist neu für mich — Ich bin ein echter Profi in diesem Thema

3. Am Thema interessiert mich dieses Unterthema am meisten:

☐ ____________________ ☐ ____________________

☐ ____________________ ☐ ____________________

II. Fragen zur Arbeitsweise: Wie arbeite ich am liebsten?

4. Mit wievielen Personen arbeite ich gern zusammen?

☐ Allein ☐ Zu zweit ☐ Zu dritt ☐ Zu viert

5. Durch welchen Zugang eigne ich mir am liebsten Neues an (Kreise ein, Mehrfachnennung möglich)?

Texte	Videos	Bilder	Gespräche	Audio (z.B. Podcast)	Sonstiges:

6. Welche Arbeitsatmosphäre erhöht mein Interesse am Thema?
Wie kann ich zu so einer Atmosphäre beitragen?

7. Wo lerne ich am besten? *Zugängliche Orte ergänzen (z.B. im Klassenzimmer, im Stillarbeitsraum etc.)*

III. Fragen zum Produkt und zur Organisation

8. Wie drücke ich mich gerne aus?

9. Wie gut schaffe ich es, meine Ideen umzusetzen?
Bitte ankreuzen

1	2	3	4	5	6	7

Projekte in die Tat umzusetzen, fällt mir schwer — Projekte in die Tat umzusetzen, gelingt mir problemlos

10. Was fällt mir bei der Umsetzung von Projekten schwer (z.B. Zeitplanung)?

11. Wie möchte ich von meiner Lehrerin/meinem Lehrer unterstützt werden?

Als Begleitmaterial zum Workbook finden Sie das Tool „Bedeutungsvolle Fragen stellen". Falls Sie eine Leifrage entwickeln möchten, die das Lerndesign umrahmt, lohnt es sich im Begleitmaterial zu stöbern.

3.3 Deeper Design

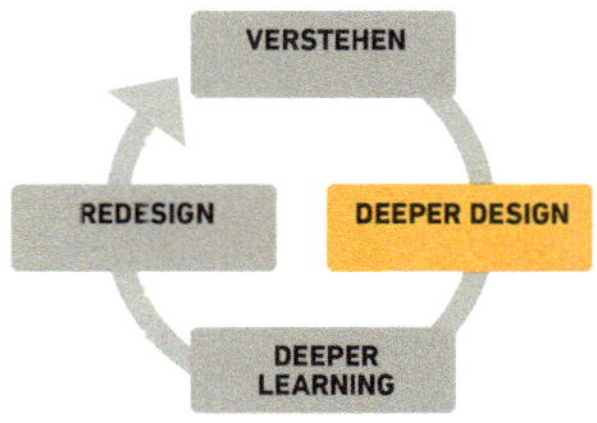

Nun sind wir im nächsten Schritt des Designzyklus angekommen und beginnen mit der expliziten Gestaltung und Planung der drei Phasen. So formen wir den Charakter der Deeper Learning-Einheit. Zur Erinnerung finden Sie hier noch einmal das Phasenmodell, die Grundstruktur einer Deeper Learning-Einheit abbildet:

Phase	Instruktion und Aneignung	Ko-Konstruktion und Ko-Kreation	Authentische Leistung
Prozess	Unterrichtsangebot, das zum/r **Wissensaufbau**/-organisation führt. Wege zum Wissensfundament: • Substantieller Input durch Lehrkräfte, andere Expert:innen, • Auseinandersetzung mit Bildungsmedien (Personalisierungsmöglich- • keit) Besuch außerschulischer Lernorte **Nachweisen des Wissenfundaments**	Möglichst **selbstorganisierte** und -regulierte **Arbeit** der Schüler:innen an **komplexen Lernherausforderungen** (meist in Teams) • Anwenden von **21st Century Skills** beim **Vertiefen von Wissen** und dem Entwickeln der authentischen Leistung • Verfolgen eigener Lernwege (**Voice & Choice**) in der ko-konstruktiven Auseinandersetzung • **Dialogische Leistungsentwicklung** (u.a. durch formatives Feedback)	**Authentische Leistungen** (schul-)öffentlich umsetzen und darbieten Reflektieren über: • Arbeitsprozesse • Arbeitsergebnisse • die Zusammenarbeit im Team • entdeckte Stärken oder Interessen
Beziehungs-gestaltung/ Lernkultur	**Co-Agency**: Gegenseitige Unterstützung zwischen Lernenden, Lehrkräften und anderen am Lernprozess beteiligten Akteur:innen		
Lernziele der Schüler:innen	Tiefes Verstehen von **Schlüsselkonzepten** Aneignen eines stabilen **Wissensfundaments**	Entwickeln von **überfachliche Kompetenzen** und **tiefgreifendem (Fach-) Wissen** Trainieren der **4K** und der **Student Agency**	Darbieten von **mehrdimensionalen Arbeitsergebnissen** Zeigen des **Kompetenz- und Wissenszuwachses** **Metakognitives Reflektieren** des Lernprozesses
Rolle der Lehrkräfte	Lehrkräfte als Wegbereiter:innen des Aufbaus eines Wissensfundaments	Lehrkräfte als flexible Lernunterstützer:innen mit adaptiver Expertise	Lehrkräfte als Einschätzer:innen von fachlichen und überfachlichen Kompetenzen und Feedbackgeber:innen

Abbildung 29: Das Phasenmodell als Grundstruktur zur Gestaltung des Lerndesigns (Sliwka & Klopsch 2022, S. 26)

Designprinzipien

Wir beachten im Designprozess zwei wesentliche Designprinzipien von Deeper Learning-Einheiten: ‚Kohärenz' und ‚Co-Design und Adaptivität'.

Kohärenz innerhalb der Phasen

Kohärenz

Kohärente Deeper Learning-Einheiten zeichnen sich durch Stimmigkeit innerhalb der Phasen aus und verbinden die Elemente der Deeper Learning-Pädagogik zu einer sinnstiftenden Einheit. Das bedeutet: In der Instruktions- und Aneignungsphase wird Fachwissen vermittelt, das in der ko-konstruktiven und ko-kreativen Phase weiter vertieft wird und sich in einem authentischen Lernprodukt zeigt (Sliwka & Klopsch 2022, S. 134).

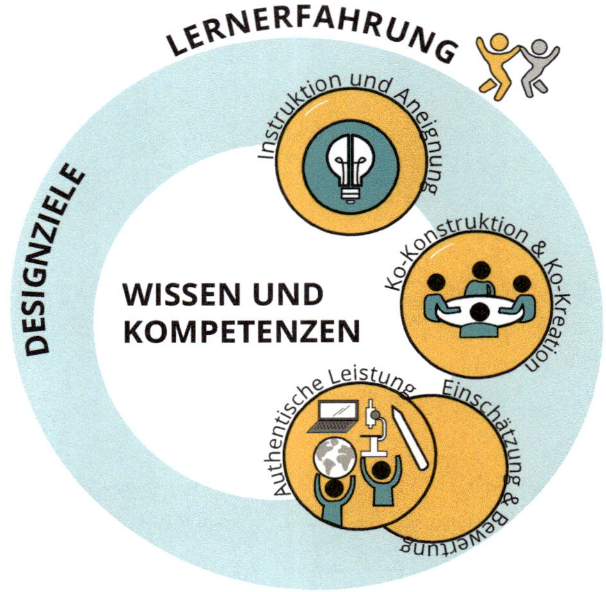

Abbildung 30: Kohärenz beim Design

Ziel: Stimmigkeit

Die authentischen Leistungen sind nicht beliebig, sondern spiegeln die vertiefte Auseinandersetzung der Lernenden wider. Wenn Sie etwa eine Einheit zum Thema Märchen planen, gilt es genau zu überlegen, welches Wissen die Lernenden in Phase I benötigen, um dieses Wissen in Phase II anzuwenden und eine authentische Leistung zu erbringen. Etwa: Wie ist ein Märchen aufgebaut? Welche Elemente sind typisch für märchenhafte Erzählungen? Welche Figuren agieren in Märchen? Wie werden Märchen spannend erzählt? Die Erarbeitung des Lernprodukts der dritten Phase benötigt deklaratives Wissen in der Instruktionsphase und wird mit prozeduralem Wissen der Ko-Kreation verknüpft. Das Design verschränkt also die Elemente der einzelnen Phasen zu einem stimmigen Ganzen.

Beispiel Märchen

Als authentische Leistungen könnten die Lernenden entweder ein eigenes Märchen verfassen, ein Märchen-Hörbuch aufnehmen, ein Drehbuch für die Verfilmung eines Märchens schreiben oder ein Märchen umschreiben. All diese authentischen Leistungen führen die Lernenden zu einer vertieften Auseinandersetzung mit dem Inhalt. Weniger stimmig wären künstlich konstruierte Leistungen oder Leistungen, die sich nicht inhärent aus dem Inhalt und den Designzielen der Einheit ergeben.

Elemente des Deeper Learning, die zueinander passen sollen

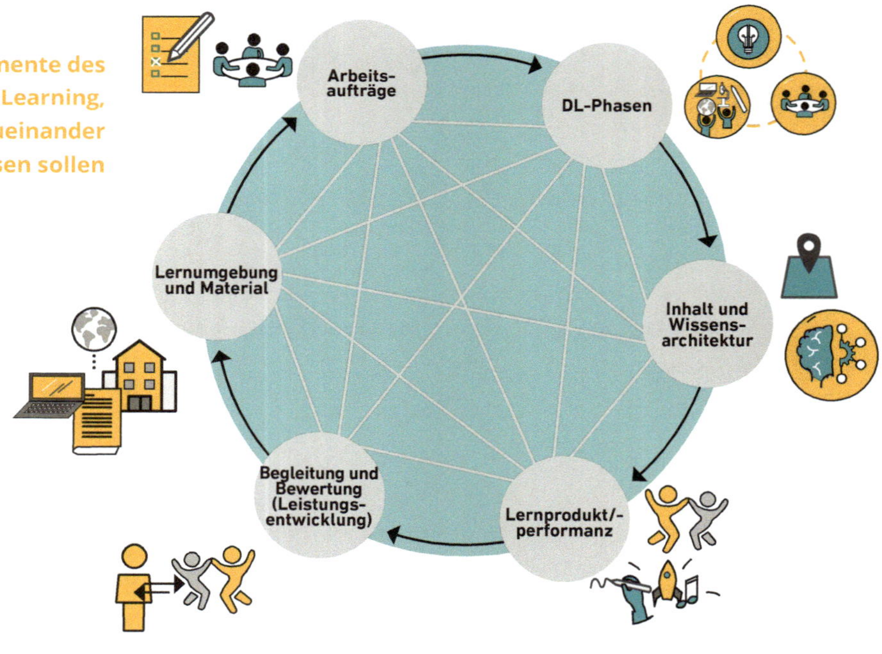

Es geht darum, alle Lernprozesse der Phasen durch das Design zu verbinden und somit eine Sinneinheit zu bilden.

Abbildung 31: Elemente des Deeper Learning, die für ein stimmiges Design aufeinander abgestimmt werden

Co-Design und Adaptivität

Lernende als Co-Designer:innen miteinbeziehen

Erinnern wir uns: Industriedesigner:innen entwerfen Prototypen, reagieren auf Feedback und passen die Entwürfe flexibel an, bis es schließlich zum marktreifen Produkt kommt. Auf die Schule übertragen bedeutet das: Eine Deeper Learning-Einheit wird so designt, dass auf Bedürfnisse und Anregungen der Lernenden eingegangen werden kann. Eine Deeper Learning-Einheit wird nicht bis ins letzte Detail vorweggeplant, sondern die Lernenden werden – als Designer:innen ihres eigenen Lernens – zum Mitdenken und Mitentwickeln eingeladen. Sie arbeiten an der Vollendung des Lernprozesses ko-konstruktiv mit und identifizieren sich so damit. Das bedeutet, sie entwickeln Ownership (Sliwka & Klopsch 2022, S. 157; Applebee & Langer 1983).

Durch das Ermöglichen von Voice & Choice (Bray & McClaskey 2015; Mötteli et al. 2022) und von Agency (Abiko 2017; Helfferich 2012; Vaughn 2020, 2021) können Lernwege eingeschlagen werden, die Sie vorab nicht antizipieren und daher auch nicht zur Disposition stellen konnten.
Eine Schüler:innengruppe könnte etwa vorschlagen, ein modernes Märchen zu schreiben oder eine Märchen-Schnitzeljagd vorzubereiten, wobei die Klasse selbst zu entscheidenden Protagonist:innen wird. Es könnte aber auch Lernende geben, die ihr Märchen als Graphic Novel umsetzen möchten. All diese Vorschläge führen ebenfalls zu einem Lernen mit Tiefgang und authentische Leistungen können entstehen. Solche Ideen der Schüler:innen sollten wir im Sinne der Identitätsentwicklung unbedingt zulassen.

Abbildung 32: Lernende als Co-Designer:innen

Ko-Konstruktion & Ko-Kreation

Beim Planen werden verschiedene Lernwege antizipiert, die durch die Lernenden mitgestaltet werden. Ein gutes Unterrichtsdesign ist also stellenweise flexibel und begrüßt stimmige Veränderungen und Anpassungen durch die Anregungen und Wünsche der Lernenden – hier gilt es einen produktiven Dialog mit den Lernenden anzustoßen und mit Fingerspitzengefühl eine passende Balance aus Struktur, Vorgaben und Freiheiten für die jeweilige Einheit zu finden (Sliwka & Klopsch 2022, S. 98).

Zwischen Struktur und Eigenverantwortung navigieren

► Die Anerkennung der Arbeit und des Ideenreichtums der Lernenden unterstützt die Beziehungsgestaltung durch Co-Agency beim Deeper Learning (Klopsch & Sliwka 2021, S. 110).

► Insgesamt werden durch das Phasenmodell Strukturen festgelegt, die Pflichtbereiche (Wissensfundament) und Wahlmöglichkeiten (Voice & Choice) umfassen (Klopsch & Sliwka 2021, S. 116).

► Während der Durchführung der Einheit werden dann sukzessive selbstverantwortete Entscheidungen der Lernenden (Student Agency) eingefordert. Wir müssen den Lernenden also etwas zutrauen und ihnen zumuten, ihr eigenes Lernen zu verantworten (Klopsch & Sliwka 2021, S. 132).

Unterschiedliche Lernwege innerhalb eines Deeper Learning–Unterrichtsdesigns

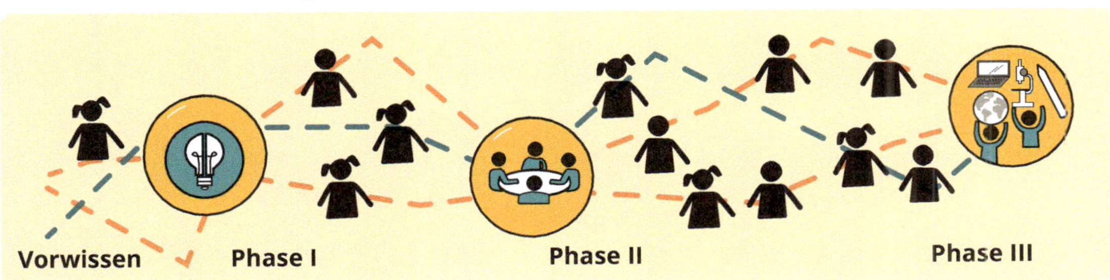

Abbildung 33: Lernwege im Deeper Learning-Unterrichtsdesign

Gestaltungsspielräume regulieren mit Schiebereglern

Personalisierungsmöglichkeit beim Lerndesign

Beim Lerndesign ergeben sich an verschiedenen Stellen Gestaltungsspielräume, durch die sich die Entscheidungsfreiräume für Lernende regulieren lassen. Diese kann man sich wie Schieberegler vorstellen (Krommer & Wampfler 2021). Für alle Schieberegler wird vorab eine zur Lerngruppe und zum Designziel passende Stellung gewählt. Die Feinregulierung kann während der Einheit vorgenommen und verändert werden. Manchmal benötigen einzelne Schüler:innen eine andere Feinregulierung als die übrige Lerngruppe. Etwa wenn Sie schon gut mit Freiräumen umgehen können.

Lerninhalt

Festgelegtes Rahmenthema + Minimale Spezialisierung	Festgelegtes Rahmenthema + Auswahl eines Teilgebiets	Festgelegtes Rahmenthema + Auswahl eines Teilgebiets und/oder eigene Themenvorschläge	Lernende finden eine eigene Fragestellung innerhalb des Rahmenthemas

Authentische Leistung

Das Lernprodukt ist für alle Lernenden gleich (z.B. Video).	Die Lernenden können sich zwischen verschiedenen Lernprodukten entscheiden (z.B. Podcast, Video, Interview).	Die Lernenden dürfen frei entscheiden, welches Lernprodukt zu ihrem Lernziel passt.

Lernorte

Klassenraum + Zuhause	Klassenraum + hybride Lernumgebung + Zuhause	Schulgelände + hybride Lernumgebung + Zuhause + außerschulische Lernorte	Schulgelände + hybride Lernumgebung + Zuhause + außerschulische Lernorte + Tandems mit externen Schulen/Einrichtungen

Lernzeit

Synchron im Unterricht 45/90 min	Asynchrones Arbeiten unabhängig der Unterrichtszeit

Darbietung der authentischen Leistungen

klassenintern	schulintern	teilöffentlich	öffentlich

Lernwerkzeuge (Technik und Medien)

Lernen mit analogen Mitteln	Verwendung einfacher Lernwerkzeuge	Kreativer Umgang mit anspruchsvollen/komplexen Lernwerkzeugen

Welche Position der Schieberegler passt zu Ihrer Deeper Learning-Einheit?

Nutzen Sie dieses und das nachfolgende Tool „Designskizze entwerfen" zeitgleich und Entwickeln Sie so die Grundidee Ihrer Deeper Learning-Einheit. Bringen Sie dazu die Schieberegler in eine passende Position.

Lerninhalt

Festgelegtes Rahmenthema + Minimale Spezialisierung	Festgelegtes Rahmenthema + Auswahl eines Teilgebiets	Festgelegtes Rahmenthema + Auswahl eines Teilgebiets und/oder eigene Themenvorschläge	Lernende finden eine eigene Fragestellung innerhalb des Rahmenthemas

Authentische Leistung

Das Lernprodukt ist für alle Lernenden gleich (z.B. Video).	Die Lernenden können sich zwischen verschiedenen Lernprodukten entscheiden (z.B. Podcast, Video, Interview).	Die Lernenden dürfen frei entscheiden, welches Lernprodukt zu ihrem Lernziel passt.

Lernorte

Klassenraum + Zuhause	Klassenraum + hybride Lernumgebung + Zuhause	Schulgelände + hybride Lernumgebung + Zuhause + außerschulische Lernorte	Schulgelände + hybride Lernumgebung + Zuhause + außerschulische Lernorte + Tandems mit externen Schulen/Einrichtungen

Lernzeit

Synchron im Unterricht 45/90 min	Asynchrones Arbeiten unabhängig der Unterrichtszeit

Darbietung der authentischen Leistungen

klassenintern	schulintern	teilöffentlich	öffentlich

Lernwerkzeuge (Technik und Medien)

Lernen mit analogen Mitteln	Verwendung einfacher Lernwerkzeuge	Kreativer Umgang mit anspruchsvollen/komplexen Lernwerkzeugen

Reflexion

Welche Position der Schieberegler passt zu Ihrer Lerngruppe und Ihren Designzielen?

Mit welchen Gestaltungsspielraum kann Ihre Lerngruppe umgehen? Welche Unterstützung benötigen die Lernenden, um gut mit ihren Freiräumen umgehen zu können?

Mit welcher Einstellung der Schieberegler fühlen Sie sich wohl?

Designskizze entwerfen

Um schnell ins konkrete Planen zu kommen: Nutzen Sie die leere Tabelle, um Ihre erste grobe Designskizze der Einheit im Sinne eines schnellen Prototyps festzuhalten.
Die Detailplanung wird im nächsten Unterkapitel vorgestellt.

Phase	Was passiert im Klassenzimmer? Welche Lernerfahrung machen die Lernenden?	Zu welche(n) Lernziele(n) trägt das bei? Wie unterstützen wir den Lernprozess jeweils?	Fragen/ Sonstiges/ Ideenspeicher
Instruktion und Aneignung			
Ko-Konstruktion und Ko-Kreation			
Authentische Leistung			

Lerndesign - Checkliste zur Grobplanung

Diese Checkliste zur Grobplanung fasst wichtige Fragen und Impulse zusammen, die man vor, während oder nach einer Deeper Learning-Einheit bedenken kann. Die Inhalte der Checkliste lassen sich gut bei der Entwicklung der Designskizze im Team diskutieren.

VOR DER EINHEIT	WÄHREND DER EINHEIT	NACH DER EINHEIT
► Welche Interessen und Bedürfnisse hat meine Lerngruppe? ► Welche Themen eignen sich für Deeper Learning (Bildungsplan)? ► In welcher Lernumgebung werde ich/werden wir unterrichten? ► Welches Phänomen/Konzept möchten wir behandeln? ► Wie sieht das Wissensfundament aus? ► Welche Skills können besonders intensiv gefördert werden? ► Welche Lernpfade und Möglichkeiten zum Voice & Choice ergeben sich? ► Welche authentischen Lernleistungen können entstehen? ► Welche Expert:innen könnten wir einladen? ► Welche außerschulischen Lernorte könnten wir einbinden? ► **Unterrichtsmaterialien:** Lernmaterialien im Lernmanagementsystem zur Verfügung stellen (Ggf. Material nach der SOLO-Taxonomie stufen)	► **Phase I** Verstehen alle Lernenden den Kern des Themas? ► Haben alle Lernenden ein solides Wissensfundament? ► **Phase II** Finden alle Lernenden eine für Sie geeignete Lernherausforderung? ► Wie kann ich die Lernenden aktuell am besten unterstützen? ► Wie gestalten wir Feedbackschleifen und Checkpoints (= verbindliche Meilensteine)? ► Gehen wir flexibel auf Bedarfe der Lernenden ein? ► **Phase III** Wie werden Leistung und Arbeitsprozess bewertet? ► Wie unterstützen wir die Lernenden bei der Organisation des Projektabschlusses?	► In welchen Unterrichtssituationen fühle ich mich wohl? ► Wie war der Unterricht für die Lernenden? ► Wie können wir die Einheit noch besser machen? ► Ggf. Wie verlief die Zusammenarbeit im Kollegium/Designteam?

Deeper Learning-Lernweg

Der Lernweg auf der nächsten Seite fasst typische Schritte und Abläufe beim Deeper Learning zusammen. Der Lernweg kann zum einen zum Vorstellen dieser Unterrichtsweise genutzt werden. Zum anderen bietet er den Lernenden Orientierung für den gesamten Arbeitsprozess und kann durch die Lehrkraft und die Teams mit wichtigen Terminen und Meilensteinen wie „Feedback zu Erstentwurf einholen", „Expert:inneninterview führen", „Teammeeting abhalten", „Abgabedeadline" ergänzt werden. Dieses Tool dient als Kurzübersicht und kann mit detaillierteren Scrumboards ergänzt werden oder sogar von der Lehrkraft mit Sprintzielen, das sind wichtige Zwischenergebnisse, auf welche die Teams hinarbeiten, bestückt werden.

Name ______________________ Teamname / Projekt ______________________

Unser Lernweg

Typische Schritte beim Deeper Learning

Wichtige Meilensteine für unser Team

Phase 1

Erstes Erkunden des Themenfeldes
Wissen aneignen
Ggf. Fachwissen vernetzen
Relevanz des Themas verstehen
Methodenkompetenz entwickeln
Wissensfundament nachweisen

Phase 2

Fragestellung oder Aufgabe entwickeln/auswählen
Passendes **Team** finden

Fragestellung bearbeiten und dabei tiefer ins Thema eintauchen

Planung des Vorgehens
Arbeitsprozess im Team organisieren
► Wer macht was bis wann?

Recherche und **Vertiefung**
► Was ist wichtig?
► Wo finden wir Informationen?
Wichtige Inhalte vorstellen, Wissen austauschen, Zwischenergebnisse festhalten, Kompetenzbausteine erwerben, ggf. außerschulische Lernorte aufsuchen

Teamtreffen mit Gruppenreflexion
► Wo stehen wir?
► Was haben wir bisher geleistet?
► Was sind unsere nächsten Schritte?

Gestaltung und Feedback
Entwurf/Prototyp herstellen, Feedback einholen, Entwurf überarbeiten, Mit Lehrkraft, Peers oder Expert:innen beraten
Authentische Leistung fertigstellen

Phase 3

Darbietung der authentischen Leistung **vorbereiten**
Authentische Leistung (einem Publikum) **vorstellen**
Arbeitsprozess mit der Lehrkraft/dem Team **reflektieren**

3.4 Phase I designen

Wissensfundament und Lernumgebung

In der instruktiven Phase sollen alle Lernenden dasselbe Wissensfundament erreichen (Sliwka & Klopsch 2022, S. 92). Dieses kann und soll wie beim Bau eines Hausfundamentes auch individuell je nach Untergrund, also den individuellen Dispositionen, personalisiert und geformt werden.

Lehrkräfte bereiten hierfür Materialien und Lernwerkzeuge in einer hybriden Lernumgebung vor, die für alle Lernenden zugänglich sind (Sliwka & Klopsch 2022, S. 175; Zitter & Hoeve 2012). So können instruktive Sequenzen durch Lernvideos in einem Lernmanagementsystem, Material zum Experimentieren im Fachraum oder Einladungen an externe Expert:innen im Voraus geplant und entwickelt werden.

Das Design der ersten Phase umfasst:
- ☐ Wissensfundament festlegen
- ☐ Input vorbereiten
- ☐ Material in der hybriden Lernumgebung vorbereiten
- ☐ Wissensfundament sicherstellen

Leifragen für Designentscheidungen

Phase I: Instruktion und Aneignung

- Welche Erkenntnisse sind wesentlich für die Unterrichtseinheit?
- Wie können wir diese vermitteln?
- Welches Wissen und Können sind zur Weiterarbeit notwendig?
- Welche Standards gilt es zu erfüllen (Wissensfundament)?
- Welche Wissenszugänge können wir in welcher Form anbieten?
- Woran können wir erkennen, dass die Schlüsselkonzepte verstanden wurden?

Raum zum Weiterdenken

Das Wissensfundament festlegen

Tool zum Kreieren eines Wissensfundaments für Lehrkräfte

Um selbständig in der ko-kreativen und ko-konstruktiven Phase arbeiten zu können, brauchen die Schüler:innen ein solides Wissensfundament.

Das Festlegen und Ausformulieren des Wissensfundaments erleichtert nicht nur die Planung der Instruktion, sondern auch dessen Überprüfung.

Welche fachlichen Schlüsselkonzepte sollen die Lernenden am Ende von Phase I verstanden haben?

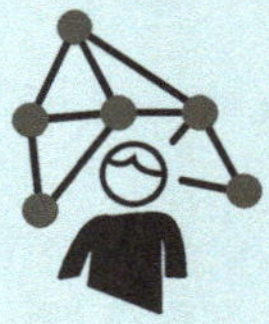

Was wird vermittelt? (Inhalte)

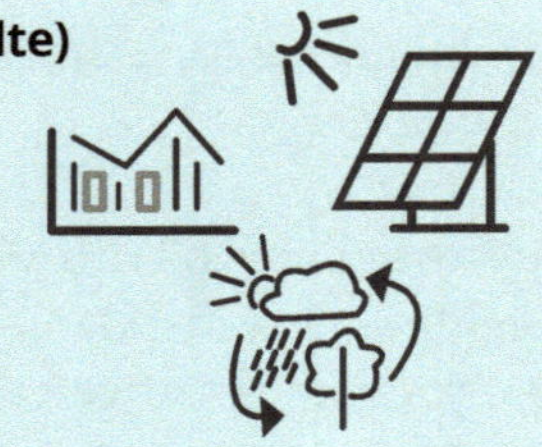

Wie wird es vermittelt? (Anwendung)

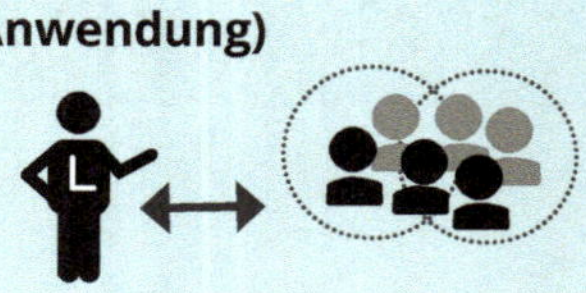

Welche Medien/ Quellen werden eingesetzt?

Wege der Instruktion

Lernpfade in Phase I

Wege zur Wissensaneignung in Phase I:
- Unterrichtsgespräch
- Expert:inneninput oder -interview (digital oder im Klassenzimmer)
- Auseinandersetzung mit analogen/digitalen Medien
- Vorführungen, Experimente, Übungen, Betrachtung von Beispielen, Spiele
- Exkursionen an außerschulische Lernorte

Gestaltung der hybriden Lernumgebung

Wissenbasis zum Nachschauen

Die vorbereitete, hybride Lernumgebung dient in Phase I vor allem als Wissens- und Informationsbasis. Sie unterstützt die Lernenden darin, sich das Wissensfundament anzueignen. Alle Materialien und Medien können auf einer Lernplattform oder (digitalen) Pinnwänden gespeichert und zugänglich gemacht werden (Sliwka & Klopsch 2022, S. 175).

In der hybriden Lernumgebung finden die Lernenden, thematisch passende Lernmedien. Wie etwa:
- Texte z.B. Schulbuchtexte, schüler:innengerechte Artikel oder wissenschaftliche Beiträge, Buchtexte, Websites, Zeitschriften, Blog-Einträge usw.
- Videomaterial z.B. Erklärvideos, Reportagen, Dokumentationen, Nachrichten
- Audioaufnahmen, z.B. Podcasts, Radioaufnahmen etwa von Interviews
- Bildmaterial z.B. Infografiken, Statistiken, Visualisierungen von Konzepten, Karten, Bilder von Personen usw.
- Organisatorisches z.B. Einwahllink zum Expert:inneninterview, Quiz zum Sicherstellen des Wissensfundaments, Deadlines, Modell (analog/digital), Linksammlungen
- Fortgeschrittene Schüler:innen können ihr Material eigenständig recherchieren.

Kohärenz – Tragen die Lernmedien zum Aufbau des Wissensfundaments bei?

Alle zur Verfügung gestellten Inhalte sollten zum Aufbau des Wissensfundaments beitragen. Das trägt zur Kohärenz innerhalb der ersten Phase bei. Selbstverständlich benötigen wir dabei nicht immer eine riesige Material- und Medienvielfalt und sollte keine entsprechende Infrastruktur vorhanden sein, kann vieles auch analog zur Verfügung gestellt werden.

Lernmaterialien und Bildungsmedien werden in Phase I auf verschiedene Weise genutzt:
- Für ein gemeinsames, synchrones Angebot im Unterricht
- Zur Widerholung
- Zur selbstgesteuerten Aneignung

Personalisierungsmöglichkeit

Tipp zur Organisation: Staffelt man die Lernmedien vorab nach Schwierigkeitsgrad, können die Lernenden in ihrer Zone der nächsten Entwicklung (Vygotsky 1978) in das Thema einsteigen.

Die Lernmotivation der Schüler:innen ergründen

Lernmotivation klären – Anregung für Schüler:innen

Schüler:innen haben das Bedürfnis, zu verstehen, warum sie bestimmte Dinge lernen sollen. Oft bemühen wir uns als Lehrkräfte, den Lerngegenstand relevant zu machen, indem wir ansprechende Beispiele verwenden, einen Lebensweltbezug liefern oder versuchen, Zusammenhänge zu erklären. Wir können aber auch gemeinsam mit den Lernenden über das ‚Warum' entscheiden (Sliwka & Klopsch 2022, S. 46).
Wir können die Lernenden fragen, warum sie zum Beispiel etwas über den Klimawandel lernen möchten, oder gemeinsam mit den Schüler:innen in Phase I ein Brainstorming durchführen, in dem wir gemeinsam sammeln, warum das Thema bedeutsam ist. Alle Lernenden können sich im Anschluss daran für einen subjektiv für sie selbst wichtigen Grund, für ein individuelles ‚Warum', entscheiden. So wird das Erlernen eines Inhalts bedeutsam und persönlich sinnvoll für die Lernenden.

Die Warum-Methode?

Warum lerne ich das?

Einen Sinn im eigenen Tun zu sehen, kann bei Deeper Learning-Einheiten eine treibende Kraft für das Fortführen einer Idee sein – und damit für die Motivation, Leistungen zu erbringen. Durch das Beenden eines Satzanfanges wie etwa Variante A, B oder C lässt sich dieses persönliche ‚Warum' der Lernenden gut zur weiteren Orientierung und als Kompass im Lernprozess festhalten. So erkennen die Schüler:innen auch, wie individuell Interessen und Motivation in Lernprozessen sind. Es kann ihnen dabei helfen, ihre eigene Identität beim Lernen zu entdecken und mehr darüber herauszufinden, wer sie sind und in der Zukunft sein wollen:

Variante A: „Ich werde ______________ lernen, um ______________."

Variante B: „Ich lerne dies, weil ______________________________."

Variante C: „Ich möchte dies lernen, weil/um ______________________."

Beispiele:

- „Ich möchte etwas über die Merkmale und Verbreitung von Fake-News lernen, um Fake-News selbst besser erkennen zu können."
- „Ich werde etwas über bioabbaubare Kunststoffe lernen, weil ich die Müllteppiche in den Ozeanen furchtbar finde und wissen will, wie man umweltfreundliche Produkte herstellen kann."
- „Ich will mehr über Freiheit lernen, weil meine Eltern und ich für ein freieres Leben nach Deutschland gekommen sind."

Das Wissensfundament der Schüler:innen sichern

Wege zum Wissensfundament

Am Ende der ersten Phase müssen wir überprüfen, ob alle Lernenden das Wissensfundament erreicht haben und damit startklar für die nächste Phase sind (Sliwka & Klopsch 2022, S. 92). Dazu bieten sich unter anderem folgende Wege an:

Ideensammlung zur Überprüfung des Wissensfundaments

Quiz Die Lehrkraft erstellt (online) ein Quiz, durch das die Lernenden erkennen, ob sie alle Schlüsselaspekte des Themenfeldes durchdrungen haben.	**Interviews** Die Lernenden erstellen in kleinen Teams Interviews zu den aus ihrer Sicht wichtigsten Schlüsselaspekten.	**Powerpoint-Karaoke** Die Lehrkraft erstellt Powerpointfolien, zu denen die Lernenden spontan einen Vortrag halten.
Stummfilm Die Lehrkraft zeigt einen Filmausschnitt/ kurzen Film, zu dem die Lernenden eine Tonspur entwickeln und anschließend vortragen.	**Lückentext** Die Lehrkraft erstellt einen Lückentext, den die Lernenden ausfüllen.	**Wortwolke** Die Lernenden erstellen eine Wortwolke, bei der sie die Schlüsselkonzepte größer darstellen und die anderen Aspekte kleiner.
Mini-Podcast Die Lernenden erstellen eine kurze digitale Sprachnachricht (1 Minute), bei dem sie die Schlüsselaspekte vorstellen und erläutern.	**Team-Tabu** Die Lernenden/Lehrkraft erstellen Tabu-Karten mit wichtigen Fachbegriffen. Die Klasse wird aufgeteilt und je 2 Personen pro Team erklären die Begriffe. Die Klasse darf mitraten.	**Weitere Ideen...**

Das Wissensfundament spielerisch nachweisen

Verschiedene Wege zum Nachweis des Wissensfundaments können auch zu einem Spiel mit mehreren Schwierigkeitsstufen kombiniert werden. Schüler:innen zeigen dann etwa durch das Beantworten von Quizfragen, einen Pitch, eine begleitend zum Unterricht in Phase I angelegte Concept-Map oder eine schnelle Versuchsskizze, dass sie das notwendige Wissensfundament erworben haben.

Wissensführerschein zum Übergang in Phase II

Der Übergang in die nächste Phase ist ein wichtiger Checkpoint beim Deeper Learning. Ein Teil des Wissensfundament-Nachweises kann beispielsweise durch den Wissensführerschein gestaltet werden. Dieser enthält auch eine Selbsteinschätzung des Wissensstands durch die Lernenden. Ein Beispiel finden Sie auf den folgenden Seiten.

Wissensführerschein

Du hast bereits richtig viel gelernt! Bevor du mit anderen ein Team bildest und richtig durchstartest solltest du herausfinden, ob dich dein Wissensfundament trägt.

1. Welche fachlichen Schlüsselkonzepte/wichtigen Themen hast du dir angeeignet? Trage sie hier ein:

2. Wie hast du gezeigt, dass du die Konzepte gut erklären kannst?
Z.B. Quiz, Powerpoint-Karaoke etc.

3. Kannst du Zusammenhänge darstellen und erklären?
Zeichne eine Mind-Map/Concept-Map

4. Wie schätzt du dein Wissen zum Thema jetzt ein?
Variante 1: Wissensstand im Check
Markiere das Symbol, das am ehesten deinem Wissensstand entspricht:

Lass dir von deiner Lehrkraft bestätigen, dass du dir ein stabiles Wissensfundament angeeignet hast.

....

Stempel / Unterschrift der Lehrkraft und Datum ergänzen

Herzlichen Glückwunsch! Du hast jetzt einen „Wissensführerschein" zum Thema ______________________________

____ Jetzt bist du bereit, in die nächste Phase einzusteigen.

3.5 Phase II designen

Ko-Konstruktion und Ko-Kreation

Die Phase der Ko-Konstruktion und Ko-Kreation bildet das Herzstück einer Deeper Learning-Einheit. Die Schüler:innen konstruieren und kreieren in dieser Phase authentische Lernleistungen in Teams (Sliwka & Klopsch 2022, S. 99). Das „können vielfältige Lernprodukte oder -performanzen sein, welche die individuellen Interessen und die tiefe Auseinandersetzung der Lernenden mit (Fach-)Inhalten widerspiegeln" (Sliwka & Klopsch 2022, S. 105). Phase II und III gehen auf diese Weise ineinander über.

Eigene Lernpfade entdecken

In Phase II sollen die Lernenden zugleich strukturiert ihr Lernziel verfolgen und sich frei kreativ entfalten können (Barron 2003). Beim Design der Einheit gilt es also auszubalancieren, wie viel Freiraum und Struktur die Schüler:innen entsprechend ihrer Lernvoraussetzungen für die Deeper Learning-Einheit benötigen, sodass sie ihren eigenen Lernpfad entdecken und gestalten können (Crosslin 2021).

Design als Orientierungshilfe

Die Lernenden müssen also einen eigenen Lernpfad aus den Angeboten der von den Lehrkräften geschaffenen Lernumgebung wählen oder eigene Ideen einbringen und diese verfolgen, sofern die Lehrkraft grünes Licht dazu gibt (Sliwka & Klopsch 2022, S. 106). Wir benötigen demnach ein Gerüst, um die ko-konstruktive und ko-kreative Phase vorzustrukturieren. Dieses Gerüst soll den Lernenden Orientierung bieten, ohne sie in Kreativität, Antrieb oder Interessen zu limitieren und dazu beitragen, dass sie bedeutungsvolles Lernen erleben können.

Leifragen für Designentscheidungen

Phase II - Ko-Konstruktion und Ko-Kreation

- Auf welchen Lernpfaden können die Lernenden ihr Wissen vertiefen? Wie werden die Lernpfade vorstrukturiert?
- Wie finden sich die Teams?
- Wie können wir Voice & Choice ermöglichen und Student Agency fördern?
- Haben die Lernenden die Gelegenheit, die Form der authentischen Leistung und ihre Bewertungskriterien mitzugestalten?
- Wodurch können wir die Lernenden bei der Leistungserbringung unterstützen?
- Wie können wir die Lernenden bei der Selbstorganisation und -regulation unterstützen?
- Welche Feedbackstrukturen benötigen die Lernenden?
- Wie können die Lernenden möglichst authentisch (z.B. wie ‚echte Expert:innen') arbeiten?

Vielfalt im Klassenzimmer

Vielfältige Gestaltungsmöglichkeiten

Beim Design des Grundgerüsts von Phase II können wir auf unterschiedliche Gestaltungsprinzipien zurückgreifen. Dahinter verbergen sich typische Schritte auf dem Lernweg, die wir beim Deeper Learning miteinander kombinieren können. Eine designbasierte Phase II zielt etwa besonders stark auf die kreative Entwicklung und Umsetzung eines (Lern-)Produkts ab (Sliwka & Klopsch 2022, S. 109), während eine forschungsbasierte Phase II stärker wissenschaftspropädeutisch ausgerichtet ist (Sliwka & Klopsch 2022, S. 108) – Recherche, Hypothesenbildung und Experimente, die tiefgreifendes Fachwissen fördern, sind hier klar Teil des Lernwegs. Richten wir die zweite Phase am Prinzip des Lernens durch Engagement aus, fokussieren die Schüler:innen sich darauf, durch ihre Arbeit etwas zum Gemeinwohl beizutragen (Sliwka & Klopsch 2022, S. 108). Wählt man hingegen eine projektbasierte Phase II, wird ein umfassendes Vorhaben gemeinsam realisiert (Sliwka & Klopsch 2022, S. 106). Oftmals werden beim Deeper Learning typische Schritte verschiedener Gestaltungsprinzipien vereint, um das jeweilige Designziel der Einheit zu erreichen.

Als Begleitmaterial zum Workbook stehen Ihnen zahlreiche Unterrichtsbeispiele, die diese Vielfalt zeigen, zum Download zur Verfügung.

Das Design der zweiten Phase umfasst:

- ☐ Team- und Themenfindung anleiten
- ☐ Fragestellung/Aufgaben entwickeln
- ☐ Räume für Voice & Choice eröffnen
- ☐ Leistungsentwicklung fördern und begleiten
- ☐ Feedback geben und Hilfestellungen (Scaffolding) anbieten
- ☐ 21st Century Skills fördern

Eine rahmende Struktur für Phase II entwickeln

Lernpfade eröffnen

Je nachdem wie Sie die Schieberegler in Ihrem Lerndesign positionieren, lassen sich in der Gestaltung von Phase II eher offene oder stärker vorstrukturierte Lernpfade eröffnen.

Reflexion
Welcher Lernweg passt am besten zu Ihrer Lerngruppe und Ihren Designzielen?
Hinweis: Eine passende Balance aus Struktur und Offenheit ist abhängig vom Alter, Vorwissen, Leistungsniveau und der Fähigkeit zur Selbstregulation der Lernenden.

Raum zum Weiterdenken

Passende Herausforderungen für die Lerngruppe finden

Das nachfolgende Beispiel für eine eher offene Gestaltung von Phase II zeigt, dass die Lernenden zu Beginn von Phase II zur Konstruktion einer authentischen Leistung herausgefordert werden (Brägger & Rolff 2021). Hier fällt das Entwickeln von Fragestellungen und Vorgehensweisen im Lern- und Arbeitsprozess – also die Ausgestaltung des Lernpfads – primär den Schüler:innen selbst zu. Als Schüler:innen der Jahrgangsstufe 1 bringt die Lerngruppe passende Voraussetzungen mit, um diese Herausforderung zu meistern.

Entwickelt vom DL-Team des Ellental-Gymnasiums
Thema: Klimawandel, J1, Seminarkurs (bilingual)
Challenge für die Schüler:innen, die der gesamten Deeper Learning-Einheit ihren Rahmen gibt: Gestaltet, organisiert und veranstaltet eigenständig und nach eurer Vorstellung eine ‚Change Conference' am Ende des Schuljahres. Der inhaltliche Schwerpunkt ist dabei der Klimawandel, wie auch Maßnahmen, die dagegen unternommen werden können.
Authentische Leistung: Organisation der Konferenz + Beitrag zur Konferenz + Seminararbeit

Praxisbeispiele für komplexe Lernherausforderungen

Abhängig von der Position der Schieberegler in Ihrem Lerndesign und den Voraussetzungen der Lerngruppe ergeben sich mehr oder weniger offene Deeper Learning-Aufgaben oder -Challenges, welche die Schüler:innen entweder selbst (für ihr Team) formulieren, weiterentwickeln oder auswählen. Beispiele für unterschiedlich stark vorstrukturierte, komplexe Lernherausforderungen finden Sie hier:

Entwickelt vom Entdeckerschulteam des Ludwig-Franck-Gymnasiums

Klimawandel, 9. Klasse, fächerübergreifend

Nach der multidisziplinär angelegten instruktiven Phase formulieren die Lernenden in kleinen Teams eine vernetzt angelegte, niveauvolle Entdeckerfrage, die produktorientiert bearbeitet wird, wie etwa:

- Die Gruppe ermittelt (datenbasiert) einen Bereich des Schulhofs, an dem sich eine sinnvolle Maßnahme zur Verbesserung der Klimabilanz durchführen lässt, und setzt diese um. Sie fragen dabei: Wie können wir die Klimabilanz des Schulhofs verbessern?

Authentische Leistung: Anlegen eines „grünen Klassenzimmers" mit Hochbeeten, Insektenhotels und Informationstafeln + Präsentation der Ergebnisse

- Die Gruppe entwickelt ein Erklärvideo, das für Mitglieder der Schulgemeinschaft einen Zugang zur Klimakrise schafft und deutlich die Sichtweise dieser Generation aufzeigt (wirken wie „Klimakrisen-Übersetzer"). Sie fragen dabei: Wie können Videos etwas zur Bewältigung der Klimakrise beitragen?

Authentische Leistung: Erklärvideo + Präsentation des Ergebnisses

Entwickelt von Elena Kroik vom städtischen Gymnasium Bergkamen

Klimagerechtigkeit, 7. Klasse, Englisch

Nachdem die Schüler:innen sich in der instruktiven Phase mit Experteninterviews, visueller Poesie und Sprachtandems mit Gleichaltrigen aus Grönland und Tuvalu das Themenfeld und Vokabular zur Klimagerechtigkeit erschlossen haben, werden die Lernenden durch diese komplexe Aufgabe herausgefordert: Entwickelt ein Audiotextformat eurer Wahl (z.B. Podcast, Lied, Audioguide), in dem ihr auf die Problematik des Klimawandels (in Grönland/Tuvalu) und die dabei aufkommenden sozialen bzw. ethischen Fragen Bezug nehmt.

Authentische Leistung: Audiotextformat + Veröffentlichung

Entwickelt vom Deeper Learning-Team der Hardtschule Durmersheim

Klimawandel, 10. Klasse, fächerübergreifend

Ausschnitt aus einem „Baustein" (inhaltliche Voice & Choice-Option mit Erfolgskriterien).

Gestaltet ein Video zum Thema ‚Meeresspiegelanstieg'. Ihr könnt das Video frei gestalten. Zum Beispiel könnt ihr ein sehr sachliches Erklärvideo gestalten, aber auch ein Theaterstück/ Streitgespräch/Tagesschaubeitrag... Eurer Kreativität sind keine Grenzen gesetzt! Allerdings sollte euer Video einige Kriterien erfüllen.

Kriterien:
1. Die Länge des Videos sollte 5 min (+/-1 min) betragen.
2. Die Punkte „Was muss im Video vorkommen" müssen in das Video einfließen.
3. Das Skript für das Video muss spätestens am (Datum) fertig gestellt sein.
4. Zu den einzelnen Aussagen muss eine Liste von Quellen abgeben werden, um nachzuvollziehen, woher ihr eure Punkte genommen habt.

Das muss im Video vorkommen:
- Definition des Problems – um was geht es?
- Wie entsteht das Problem?
- Wer ist betroffen? Tipp: Weltkarte nutzen!
- Was sind die Folgen des Problems?
- Welche Möglichkeiten gibt es, das Problem zu lösen?

Authentische Leistung: Erklärvideo, Theaterstück, Streitgespräch oder Tagesschaubeitrag

Entwickelt von Janina Beigel, bearbeitet am St. Raphael Gymnasium

Molekularbiologie, J1, Biologie

Ausschnitt aus einem „Aufgaben- und Materialpaket"

II Visualisierung – Design meets biology
a. Wie entsteht Krebs? Visualisiere den Prozess der Krebsentstehung (eine Variante) oder
b. Krebsbekämpfung durch Chemotherapie: Wie funktioniert das? Visualisiere den Wirkmechanismus von einem Zytostatikum deiner Wahl.

III Think Further - Spezialisieren, Recherchieren und Weiterdenken
Eigene Idee/ Gruppenvorschlag (Absprache mit den Lehrkräften)

Authentische Leistung: Infografik mit ausgewählten/ freien Forschungsschwerpunkten + Präsentation auf einem Kongress

Wie müssen Fragestellungen aufgebaut sein, um tiefgreifende Lernprozesse anzustoßen?

Eine Fragestellung für den eigenen Lernpfad finden

Bei einer eher offen gestalteten Themenfindung müssen die Lernenden in einem nächsten Schritt eine eigene Fragestellung/Aufgabe oder Idee innerhalb des von der Lehrkraft vorgegeben Rahmens für sich finden. So vertiefen sie ausgehend von ihren eigenen Interessen, das in Phase I erlernte Wissensfundament.

Als Lehrkraft sind Sie dafür zuständig, die Schüler:innen beim Finden einer geeigneten Problemstellung, die weder zu einfach noch zu schwer, weder viel zu breit angelegt noch zu engmaschig gefasst ist, zu unterstützen. Dazu können Sie den Schüler:innen von Anfang an Tools an die Hand geben, die ihnen beim selbstständigen Finden geeigneter Fragestellungen und Arbeitsweisen helfen. Außerdem können Sie in den Austausch mit den Schüler:innen gehen, um an ersten Ideen zu feilen und zu einer passenden Lernherausforderung zu gelangen.

Einschätzungshilfe für Lehrkräfte

Grünes Licht für einen Lernpfad
Schauen Sie sich die Aufgaben/Fragestellungen/Ideen an, die ihre Schüler:innen entwickelt haben. Wie viele der folgenden Aspekte sind dabei vorhanden?

- ☐ Die Bearbeitung erfordert inhaltsspezifisches Wissen und fachmethodisches Können.
- ☐ Die Aufgabe motiviert durch Alltagsnähe, Anschaulichkeit, mögliche kognitive Konflikte und ggf. Spielcharakter.
- ☐ Die Aufgabe führt zu tiefgreifendem Verständnis des Themenfelds.
- ☐ Die Aufgabe ermöglicht unterschiedliche Lern- und Denkweisen und die Beteiligung der Lernenden nach ihrem jeweiligen Vorwissen, ihren Stärken und Schwächen.
- ☐ Die gewählte Aufgabe ermöglicht eigenaktives verantwortliches und selbständiges Lernen in fachlicher wie überfachlicher Hinsicht (4K).
- ☐ Ein Austausch über Erkenntnisse, das Einordnen und Vergleichen von Ideen, Konzepten und Perspektiven ist wahrscheinlich erforderlich, um die Aufgabe zu lösen.
- ☐ Das zu erwerbende Wissen und Können wird von den Lernenden auf (für sie) neuartige Weise angewandt.
- ☐ Die Aufgabe/Fragestellung führt zu einer authentischen Leistung.
- ☐ Die Aufgabe kann in ihren Lerninhalten und Lernwegen von den Schüler:innen selbstbestimmt bearbeitet werden.
- ☐ Die Aufgabe/Fragestellung kann potentiell von den Schüler:innen in der gegebenen Zeit umgesetzt werden.

Sind mindestens sechs Voraussetzungen erfüllt, erhalten die Lernenden ‚grünes Licht' zum Verfolgen dieses Lernpfads.

Zur Entwicklung einer Idee/Aufgabe/Fragestellung können die Lernenden die nachfolgenden Tools nutzen.

Start in Phase II: Eine eigene Fragestellung finden

Eigene Fragestellungen finden (Phase II)

Die Tools „Meine Fragestellung im Themenfeld" und „Meinen Lernpfad gestalten" sind für Schüler:innen konzipiert und unterstützen Lernende dabei, Schritt für Schritt ein Thema und eine eigene Fragestellung zu finden.

Das Tool „Meinen Lernpfad gestalten" ist umfassender gestaltet und schließt sämtliche Schritte des Übergangs von Phase I zu II ein. Die Fragen 1–4 richten sich dabei an einzelne Schüler:innen, die Fragen 5 und 6 werden als Team bearbeitet.

Meine Fragestellung im Themenfeld
Tool für Schüler:innen

Einen thematischen Vertiefungsbereich finden

1. **Welchen Aspekt des Themas findest du interessant? Welchen Gedanken möchtest du weiter verfolgen? Worüber möchtest du gerne mehr wissen?** Schreibe alles auf, was dir einfällt.
   Tipp: Wichtige Schlagworte findest du in deinen Unterrichtsaufschrieben (oder auf der Lernplattform/im Buch).

2. **Lege eine Reihenfolge fest, was dich am meisten interessiert.**

3. **Entwickle eine Idee dazu, wie du deine Interessen weiterverfolgen kannst. Stelle die Idee anderen vor. Diskutiert: Was interessiert dich daran besonders? Welcher Frage könnte man nun nachgehen bzw. welchen Aspekt könnte man näher untersuchen?**

Den Arbeitsprozess planen

4. **Hast du eine Idee, wie das Ergebnis deiner Arbeit aussehen kann?**

5. **Benötigt Ihr als Gruppe für Eure Fragestellung Expert:innen (oder außerschulische Lernorte)? Wenn ja, wer (und wo) könnte das sein?**

6. **Wie stellt Ihr Euch den Weg zum Ergebnis vor? Welche großen Schritte braucht Ihr?**

7. **Welche Unterstützung benötigst du von deiner Lehrkraft und deinen Mitschüler:innen?**

Impuls zu Phase II: Wie komme ich zu einer authentischen Leistung?

Meinen Lernpfad gestalten

1. Welche Aspekte des Themas interessieren dich besonders? Was möchtest du vertiefen?
Notiere alle deine Einfälle in Stichpunkten:
Tipp: Wichtige Schlagworte findest du in deinen Unterrichtsaufschrieben (oder auf der Lernplattform oder im Buch).

2. Was kannst du besonders gut? Wo liegen deine Stärken und welche Fähigkeiten hast du?

3. Was möchtest du neu lernen, welche Skills (Techniken, Fertigkeiten) **möchtest du dir neu aneignen/ ausprobieren?** (z.B. ein Video schneiden, ein Interview mit einem echten Profi führen, etwas programmieren etc.)

Meinen Lernpfad gestalten

4. Wie soll dein Lernpfad aussehen?

► *abhängig von Aufgabenstellung und denkbaren Lernprodukten Auswahl eingrenzen*

☐ Ich möchte forschen, experimentieren oder neue Erkenntnisse gewinnen.
☐ Ich möchte etwas designen oder gestalten.
☐ Ich möchte eine Lösung für ein Problem finden.
☐ Ich möchte etwas tun, das anderen Menschen hilft oder sie unterstützt.
☐ Ich möchte ....

....(formuliere hier deine eigene Idee).

Von der Idee zur authentischen Leistung

Am Ende von Phase III sollt ihr als Team eine authentische Leistung erarbeiten. Also keine Klassenarbeit. Es soll auch nichts sein, das ihr nur für eure Lehrerinnen und Lehrer oder euch selbst macht, sondern im Idealfall auch für andere Menschen interessant sein. Nun geht es darum zu überlegen, was eure Leistung sein könnte.

Variante 1

► *Für stärker vorstrukturierte Lernpfade. Auswahl möglicher authentischer Leistungen, die im Bereich der Zone der nächsten Entwicklung für verschiedene Lernende liegen, ergänzen.*

5. Woran möchtet ihr arbeiten, um euer Wissen zu vertiefen und eure Fähigkeiten zu trainieren?

So möchten wir zeigen, was wir gelernt haben:
☐ zum Beispiel ein Sketchnote zum Thema XY anfertigen
☐ zum Beispiel eine Lesenacht organisieren

Variante 2

► *Bei offener Gestaltung des Lernpfads (eher für fortgeschrittene oder sehr selbstorganisierte Lernende und Lehrkräfte mit Erfahrung beim Deeper Learning zu empfehlen). Diesen Schritt mit einer Kreativitätstechnik zur Ideenfindung kombinieren.*

5. Welche Produkte/Ergebnisse möchtet ihr entwickeln, während ihr euer Thema (aus Schritt 1) vertieft?

Führt ein Brainstorming durch und sammelt eure Einfälle:

Tipp: ‚Design follows content'. Das bedeutet: fragt euch zuerst, über welches Thema ihr mehr wissen möchtet, und überlegt euch dann, wie ihr das in eine/r authentische/n Leistung übertragen/zeigen könnt?

6. Wählt nun eine Idee (aus Schritt 5) aus und formuliert eine Lernherausforderung für euer Team.

Uns macht diese Frage neugierig: ....

....

Unser Ziel in drei Sätzen:

....

....

....

Führt jetzt ein Beratungsgespräch mit euren Lehrkräften und checkt, ob ihr grünes Licht für eure Idee bekommt. Klärt, ob und wie ihr euren Plan umsetzen könnt und auf welche Erfolgskriterien ihr als Team achten solltet.

Wichtig: Auf dem Weg zur authentischen Leistung entwickeln sich Ideen weiter. Es ist also ganz normal, Entwürfe mehrfach zu überarbeiten, um ein gutes Ergebnis zu erreichen.

Lernende bei der Teambildung unterstützen

Zusammenarbeit stärken durch Co-Agency

Zur langfristig konstruktiven Teamarbeit trägt eine Lernatmosphäre bei, die durch Co-Agency – also sich gegenseitig unterstützenden Beziehungen zwischen allen am Lernprozess Beteiligten – geprägt wird. Sich vor dem Beginn von Phase II die Zeit zu nehmen, mit der Klasse über Fragen wie diese nachzudenken, kommt einer solchen Lernatmosphäre zugute:

- Wer braucht meine Unterstützung? Wem kann ich helfen?
- Wen kann ich um Unterstützung bitten? Wer kann mir helfen?
- Welche Stärken habe ich? Wie kann ich diese in die Teamarbeit einbringen?
- In welchen Bereichen möchte ich wachsen/mich weiterentwickeln?

Sensibler Moment der Teamfindung

Die Teamfindung ist ein sensibler Moment in jeder Deeper Learning-Einheit, denn gute Zusammenarbeit innerhalb der Lerngruppe bildet den Kern ko-konstruktiver und ko-kreativer Prozesse. Es lohnt sich daher, im Lerndesign genau zu planen, wie Team- und Themenfindung aufeinander abgestimmt werden und mit welchen Methoden Sie die Teamfindung vorstrukturieren. Ziel der Teamfindung ist es, Schüler:innen so zusammenzubringen, dass es ihnen gelingt, gemeinsam Verantwortung für die Erarbeitung der authentischen Leistung zu übernehmen und ihre vielfältigen Stärken in die Teamarbeit einzubringen.

Reflexion
- Nach welchen Kriterien sollen sich die Teams zusammenfinden?
- Wie möchten Sie die Teamfindung steuern?
- In welchen Schritten finden Team- und Themenfindung statt?
- Wie könnnen wir eine gute Zusammenarbeit stärken?

Die Teamfindung wird von Lehrkräften, passend zur Lerngruppe und den Designzielen der Einheit vorbereitet, angeleitet und begleitet. Wahl- und Mitbestimmungsmöglichkeiten nach dem Prinzip des Voice & Choice kann dabei etwa bedeuten, dass Schüler:innen die Chance erhalten, ihr Team selbst zusammenzustellen oder der Lehrkraft Wunscharbeitspartner:innen vorzuschlagen. Dieses Beispiel zeigt einen teils durch die Lehrkraft gesteuerten anonymen Auswahlprozess, dem eine Selbsteinschätzung vorangestellt wird.

Blick ins Klassenzimmer: Teamfindung bei der Deeper Learning-Einheit „Interdisziplinäres Problemlösen mithilfe von Künstlicher Intelligenz"

Entwickelt von Martin Lentzen - Deutsche Schule Silicon Valley

Zur Teamfindung wählt jede/r Schüler:in auf einem Jamboard (digitales Board) ein Tier als Repräsentation der eigenen Person aus und vermerkt, auf einem Steckbrief daneben, die eigenen fünf größten Stärken oder Fähigkeiten (z.B. kritisches Hinterfragen, gut Zuhören, Organisationsgeschick, Präsentieren, Zeitplanung). Die Lehrkraft wählt vorab einige verantwortungsbewusste Team-Chef:innen aus und stellt ihnen das Jamboard zur Verfügung. Die Team-Chef:innen wissen nicht, wer sich hinter dem Tierbild verbirgt. Sie wählen nun anhand der beschriebenen Fähigkeiten diejenigen Teammitglieder mit passenden, sich ergänzenden Eigenschaften aus. Anschließend wird aufgelöst, welche Schüler:innen welches Tier gewählt haben.

Mehr Kreativität durch Teamarbeit

Diese oder ähnliche Methoden führen zu ungewohnten Gruppenkonstellationen. Die Forschung zeigt, dass Menschen in diversen Gruppen oft zu kreativeren Ergebnissen kommen (Francis & Young 2013; Sterel et al. 2022; Vollmer 2020).
Auf den nächsten Seiten finden Sie weitere Materialien zur Unterstützung von Teamarbeit. Der Teamvertrag kann beispielsweise von Teams dazu genutzt werden, Regeln für ein Miteinander zu definieren, die dafür sorgen, dass große Konflikte erst gar nicht aufkommen.

Meinen Lernpfad gestalten (Fortsetzung)

Wie finde ich ein passendes Team?

7. Nutze diese Fragen um passende Personen für dein Team zu finden und sprich deine Mitschüler:innen an.

- Gibt es Personen mit ähnlichen Ideen in deiner Klasse? Mit wem kannst du besonders gut zusammenarbeiten?
- Wer ergänzt deine Fähigkeiten gut?
- Gibt es jemanden von (und mit) dem du gerne etwas lernen möchtest? Gibt es jemanden in eurer Klasse, der etwas für euer Vorhaben Wesentliches besonders gut kann?

Tipp: Trau dich auch einmal Klassenkamerad:innen anzusprechen, mit denen du noch nie zusammengearbeitet hast.

Wenn ihr euch gefunden habt:

8. Überlegt euch gemeinsam einen Teamnamen: ______________________________

► *Optional*
Für eine gelingende Teamarbeit kann es sich lohnen, vorab gemeinsame Regeln zur Kommunikation und Zusammenarbeit und Teamrollen festzulegen. Eure Regeln könnt ihr in einem Teamvertrag festhalten.

Teamrollen festlegen - Was passt zu mir? Wofür bin ich verantwortlich?

Mithilfe dieser anpassbaren Rollenbeschreibungen können Schüler:innen sich die Arbeit auf dem Lernweg aufteilen. Beim gemeinsamen Entwickeln der authentischen Leistung gibt es dann eine Person im Team, die besonders auf einen Teilbereich achtet.

Team-Chef:in

- Leitet und strukturiert Teamtreffen
- Motiviert alle Teammitglieder dazu, sich Ziele zu setzen, und achtet auf deren Einhaltung
- Achtet auf eine gerechte Verteilung der Aufgaben
- Vermittelt zwischen den Teammitgliedern und ermutigt diese
- Hält Kontakt mit den Lehrkräften

Forschungs-Chef:in

- Recherchiert und sammelt relevante Informationen/Wissen und teilt die Rechercheergebnisse
- Teilt und erklärt gewonnene Erkenntnisse und motiviert die anderen zu Nachforschungen
- Achtet auf die Einhaltung formaler Standards
- Prüft Informationen kritisch

Management-Chef:in

- Achtet auf das Zeitmanagement und behält Ziele, Meilensteine (und das Budget) im Blick
- Verwaltet und organisiert Materialien und Dokumente des Teams
- Hält das Kanban-Board aktuell
- Erinnert Teammitglieder an Vorbereitungen
- Beschafft Ressourcen

Design-Chef:in

- Moderiert die Ideenfindung
- Bringt die Ideen verschiedener Teammitglieder zusammen
- Achtet auf die Anschaulichkeit, Anwendbarkeit und Ästhetik der entstehenden Leistung
- Strukturiert den Gestaltungsprozess

Dokumentations-Chef:in

- Hält Ideen, Zitate, Entwürfe und den Lernfortschritt fest
- Fotografiert und filmt Zwischenstände
- Dokumentiert Schlüsselmomente
- Sammelt Fragen für Feedbackgespräche

PR-Chef:in

- Sorgt für das Bekannt- und Sichtbarmachen der Ergebnisse am Ende
- Kontaktiert Expert:innen/ Öffentlichkeit
- Stimmt sich mit den anderen Teams in der Klasse ab
- Behält die Zielgruppe im Blick

(basierend auf Allen 2016, S. 11)

Teamvertrag

Kommunikation

Welche Regeln geben wir uns als Team?

Wie arbeiten wir außerhalb des Unterrichts zusammen? (Google Docs, Messenger-App, etc.)

Wie führen wir Besprechungen/Meetings durch? Wann und wie oft?

Wie treffen wir Entscheidungen?

Wie lösen wir Konflikte?

Rollen und Verantwortung

Welche Rollen gibt es im Team? Wer ist für welche Rolle am besten geeignet?

Wie unterstützten wir uns gegenseitig, wenn ein Teammitglied krank ist?

Meilensteine	fertig bis	verantwortlich ist

Unterschriften der Teammitglieder

(basierend auf Allen 2016, S. 22)

Lernende bei der Selbstorganisation unterstützen

Projektmanagement

Um Lernende bei der Selbstorganisation der ko-kreativen Phase zu unterstützen, bietet es sich an, auf schüler:innengerechte Elemente, Schritte und Vorgehensweisen des agilen Projektmanagements – wie beispielsweise Scrum-Meetings oder Kanban-Boards – zurückzugreifen. So lässt sich Phase II stärker vorstrukturieren und die Lernenden üben sich darin, in längerfristigen Lernprozessen den Überblick zu behalten und Verantwortung zu übernehmen.

Kurz erklärt: Scrum und Scrum-Boards
Scrum hat seinen Ursprung in der Arbeitswelt und beschreibt ein agiles Projektmangementprinzip. Während des Scrum-Prozesses wird zunächst ein klares Ziel mitsamt der Anforderungen an das Ergebnis definiert (Simons & Simons-Zahno 2021). Beim Deeper Learning wäre das die authentische Leistung. Die Erarbeitung des Ergebnisses wird dann in Sprints, das sind Zeiteinheiten, innerhalb derer ein bestimmtes Teilziel erreicht werden soll, unterteilt (Ricke & Günther 2021, S. 13; Wolf & Roock 2021). Solche Zwischenziele können die Teams festlegen oder von der Lehrkraft als Meilensteine oder Checkpoints festgelegt werden (z.B. Kurzpräsentation der Erstentwürfe für ein Peer-Feedback vorbereiten). Während eines Sprints gibt es Treffen, beim Deeper Learning etwa der Beginn einer Schulstunde, bei denen die Teammitglieder sich über den aktuellen Stand austauschen. Anschließend folgt die Sprint Review, in der das entstandene Ergebnis betrachtet, mögliche Änderungen besprochen und Feedback gegeben wird. Dieses Feedback kann daraufhin im nächsten Sprint berücksichtigt werden. Nach mehreren Sprint-Iterationen kommen die Lernenden zu ihrem Ergebnis – ihrer authentischen Leistung.

Ein **Scrum-Board** nutzt man, um die anstehenden Aufgaben während eines Projekts visuell zu ordnen, Verantwortung für Teilschritte festzulegen und um sich im Team zu organisieren (Ricke & Günther 2021; Wolf & Roock 2021). Dies kann entweder analog an einer Tafel (Whiteboard, Poster, DIN A4 Papier) geschehen oder mit Hilfe eines digitalen Tools (z.B.: Zentask, Taskcard, Padlet, Cryptpad etc.). Um den Fortschritt im Blick zu behalten und Aufgaben zu verteilen, finden regelmäßig Treffen statt. Im Kanban-Board werden klassischerweise prozessbezogene Kategorien wie „noch zu tun/nächste Schritte/To-Do's“, „in Arbeit“ und „Geschafft!“ genutzt. Ergänzt werden können diese im pädagogischen Kontext durch Kategorien wie „hier benötigen wir Hilfe“, „Materialspeicher“, „Meilensteine im Lernprojekt“, „Kriterien“, „Teamregeln“, „Hindernisse“, „Unser Vorgehen" oder Arbeitsbereiche für einzelne Teammitglieder.

Tooltipp:
- https://cryptpad.fr/
- https://www.taskcards.de/#/home/start

Scrum-Board

Ein Kanban-Board oder Scrum-Board kann von der Lehrkraft oder den Lernteams auf verschiedene Weise strukturiert werden. Die Variante auf der nächsten Seite kann für jedes Team in eine digitale Pinnwand übernommen werden und Lehrkräften als Einblick in den Arbeitsprozess und die Aufgabenverteilung im Team dienen. Ein Scrum-Board kann so auch bei der Einschätzung und Beurteilung des Arbeitsprozesses berücksichtigt werden. Für Lernende wird durch die Verwendung eines Kanban-Boards der Projektfortschritt sichtbar. Das motiviert und darüber hinaus werden große Vorhaben in handhabbare nächste Schritte untergliedert. Dies hilft beim selbstorganisierten Arbeiten.

Scrum-Board für Schüler:innen

Teamname: **Teammitglieder:**

Ziel des Teams:

Materialspeicher für unser Team	Wichtige Meilensteine im Lernprojekt	Nächste Schritte	In Bearbeitung	Geschafft!
Platz für Links und Recherchetipps	Welche Daten und Fristen müssen eingehalten werden? Z.B. Termin zum Peer-Review-Verfahren; große Arbeitspakete Z.B. Die Schule zu einem (möglichst) plastikfreien Ort machen	Platz für Aufgaben und To-Do's z.B. Mailentwurf schreiben Interviewpartner:innen finden (Name Teammitglied)	Platz für Aufgaben, die gerade erledigt werden oder Ziele, die ihr euch in einer Schulstunde setzt.	Platz für alle erledigten Aufgaben und eure Projekterfolge. Toll, was ihr im Team erreichen könnt!

Leistungsentwicklung unterstützen

Was ist die SOLO-Taxonomie?

Mithilfe der SOLO-Taxonomie (Biggs & Collis 1982; SOLO = structure of observed learning outcomes) können Schüler:innen ihr Leistungsniveau einschätzen (Sliwka & Klopsch 2022, S. 141).

SOLO-Stufen

Die Taxonomie umfasst die folgenden fünf Stufen:

- **Level 0 - Vorstrukturell**: Eine vage Vorstellung vom Thema ist vorhanden. (Die Lernenden kennen, wenn überhaupt, einzelne Begriffe)
- **Level 1 - Unistrukturell**: Relevante Begriffe ohne tiefgreifenden Kontext sind bekannt. (Die Lernenden können wiedergeben, bezeichnen, benennen, darstellen, identifizieren)
- **Level 2 - Multistrukturell**: Mehrere Facetten eines Themas sind bekannt. (Die Lernenden gliedern, beschreiben, organisieren, klassifizieren, bringen in eine Reihenfolge, trennen)
- **Level 3 - Relational**: Mehrere Facetten eines Themas können in Bezug zueinander gesetzt werden. (Die Lernenden bewerten, ordnen ein, verorten, analysieren, integrieren, beziehen aufeinander, erklären, vergleichen, paraphrasieren)
- **Level 4 - Erweitert abstrakt**: Das Themenfeld ist umfassend bekannt und kann auf andere Themen übertragen werden. (Die Lernenden verallgemeinern, erkennen, reflektieren, entwickeln zu Neuem weiter, nehmen über das Themenfeld hinaus wahr, entwickeln Analogien, stellen Theorien auf)

Struktur des beobachteten Lernergebnisses				
Level 0	**Level 1**	**Level 2**	**Level 3**	**Level 4**
Welche Begriffe fallen dir zum Thema ein? In welchem Zusammenhang hast du schonmal vom Thema gehört?	Welche Begriffe sind besonders wichtig für das Thema?	Kannst du die wichtigsten Begriffe erklären? Welche Begriffe hängen enger zusammen und welche haben weniger miteinander zu tun?	Welche Zusammenhänge und Effekte kannst du innerhalb des Themas erkennen?	Kannst du eigene Ideen (Hypothesen) aufstellen, welche diese Effekte oder Zusammenhänge erklären?

Abbildung 34: Die SOLO-Taxonomie in der Übersicht (basierend auf Sliwka & Klopsch 2022, S. 140)

Die SOLO-Taxonomie unterstützt Lernende, ihren aktuellen Wissensstand zu erkennen und darauf aufbauend die nächsten Schritte zu finden, um das eigene Wissen zu vertiefen.

Selbsteinschätzung

Im Rahmen von Deeper Learning bietet es sich an, den Lernenden nach der Instruktionsphase die Möglichkeit zu geben, sich mithilfe der SOLO-Taxonomie einzuordnen, um Aufgaben für die Ko-Konstruktions- und Kreationsphase zu finden, die dem eigenen Niveau entsprechen in der Zone der nächsten Entwicklung liegen (Sliwka & Klopsch 2022, S. 142; Vygotsky 1979). Daneben unterstützt die Einschätzung der individuellen Entwicklungsstufe Lehrkräfte dabei, zu überprüfen, ob die Schüler:innen genügend Wissen aus der Instruktionsphase mitgenommen haben, um sinnvoll an der weiteren Deeper Learning-Einheit teilzunehmen, oder ob man nochmal mit einzelnen Lernenden das Themenfeld erschließen muss (Sliwka & Klopsch 2022, S. 142).

Lernwege aufzeigen

Um eine ehrliche und sinnvolle Selbsteinschätzung der Schüler:innen zu garantieren, sollte die SOLO-Taxonomie nicht zu der Bewertung/Benotung der Schüler:innen herangezogen werden. Hauptaufgabe der Beschäftigung mit SOLO ist es, einen möglichen Lernweg aufzuzeigen, um das individuelle Wissen in der Thematik zu vertiefen. Dies muss auch den Lernenden mitgeteilt werden.

Tipps für das Verstärken von Student Agency

- **Variation**: Unterschiedliche Lerngruppen und Altersstufen benötigen ein unterschiedliches Maß an Eigenverantwortung. Agency-Angebote sollten dementsprechend auf die Lernenden abgestimmt sein.
- **Geduld**: Schüler:innen sind nicht immer sofort dazu bereit, neue Lernangebote zu nutzen und müssen sich erst an Freiräume und Entscheidungsmöglichkeiten gewöhnen.
- **Akzeptanz**: Prozesshaftigkeit prägt die Entwicklung von Student Agency. Seien Sie bereit diesen Prozess aktiv zu begleiten und zu unterstützen.
- **Lernumbegung**: Etablieren Sie ein gutes Klassenklima und Fehlerfreundlichkeit, damit sich die Lernenden eine aktive Beteiligung zutrauen und sich sicher fühlen.
- **Wertschätzung**: Wenn Sie wertschätzend auf engagiertes Lernen reagieren, fühlen Ihre Schüler:innen sich darin positiv bestärkt.
- **Loslassen**: Lernen Sie, sich als Lehrkraft mit dem Abgeben von Verantwortung wohl zu fühlen. (Moses et al. 2020; Cavagnetto et al. 2020)

Tipps: Mittels Co-Agency zu Student Agency

Durch Aushandlungsprozesse lässt sich die Entwicklung der Student Agency fördern. Dabei ist es wichtig, dass Schüler:innen ernst genommen und anerkannt werden. Um im eigenen Agency-Prozess beim Lernen voranzukommen, benötigen die Lernenden Verständnis und Unterstützung.

Als Unterstützungsangebot können Lehrkräfte die folgenden Fragen stellen (Cook-Sather 2020; Vaughn 2020). Sie zielen darauf ab, den Lernstand oder -prozess darzustellen, und helfen so dabei, einen eigenen Lernweg zu finden:

- Welches Lernziel möchtest du erreichen?
- Was benötigst du, um dein Ziel weiter zu verfolgen/dein Ziel erreichen zu können?
- Wie (und wo) willst und kannst du in dieser Situation am besten lernen oder arbeiten?
- Was fällt dir gerade schwer und wie könntest du das Problem lösen?
- Was kann ich tun, um dich dabei zu unterstützen?
- Was lief gut und hat dich näher zu deinem Ziel gebracht?

Reflexionsimpulse auf dem Weg zur Agency

Die Unterstützung von Agency durch Reflexion

Der gesamte (Entwicklungs-)Prozess von Agency ist auf eine stetige Reflexion von Lehrenden und Lernenden angewiesen. Daher finden Sie hier Reflexionsimpulse, die sowohl Sie selbst wie auch Ihre Schüler:innen bei der Initiierung und Ausprägung von Agency unterstützend heranziehen können.

Reflexionsimpulse für Lehrkräfte

- Bringe ich meinen Lernenden genug Vertrauen entgegen, damit sie eigene Lernentscheidungen treffen können?
- Sind meine Schüler:innen momentan aktiv in ihren eigenen Lernprozess involviert, sodass sie mit mir als Lehrkraft konstruktiv darüber reden können?
- Können mir meine Lernenden mitteilen, was sie für ein erfolgreiches Lernen brauchen?
- Gestalte ich den Lernprozess meiner Lernenden aktiv so, dass er das Lernen angemessen fördert?
- Trete ich mit meinen Schüler:innen in Aushandlungsprozesse über ihr Lernen?
- Gebe ich meinen Lernenden auf die Art und Weise Feedback, dass sie dies auf ihren eigenen Lernprozess beziehen können?
- Agiere oder reagiere ich als Lehrperson? Treffe ich als Lehrperson bewusste Entscheidungen?
- Inwiefern müssen meine Schüler:innen ihren Lernstil an meinen Unterricht anpassen?

Reflexionsimpulse für Lernende

- Was brauche ich zum Lernen (Partnerschaften, ruhige Umgebung, Unterstützung, etc.)?
- Nehme ich aktiv an meinem eigenen Lernprozess teil?
- Weiß ich, was meine Lernziele sind und wie ich vorgehen muss/ was ich brauche, um diese zu erreichen?
- Kann ich mit der Lehrkraft über meinen Lernprozess sprechen und diesen nachvollziehbar beschreiben?
- Bin ich bereit, Verantwortung für mein eigenes Lernen zu übernehmen?

Reflexionsimpulse für Lehrende und Lernende

- Welchen Wert messen wir Agency bei?
- Sind wir uns darüber bewusst, was für eine anstrengende und herausfordernde Leistung Lernen sein kann? Respektieren und wertschätzen wir dies ausreichend?
- Welches Fehlerbewusstsein haben ich und meine Lernenden? Handelt es sich um eine eher positive oder negative Einstellung?
- Inwiefern bin ich/sind wir bereit, mich/uns um die Ausprägung von Agency zu bemühen?
- Ist das Klassenklima geeignet, um Agency zu fördern?
- Erkenne ich/erkennen wir die Relevanz von Reflexion in diesem Prozess?

Herausforderungen im Lernprozess meistern

Die Zone der nächsten Entwicklung beschreibt ein Anforderungsniveau, das eine lernende Person genau richtig herausfordert – also weder unterfordert und Langeweile erzeugt, noch überfordert und dadurch zu Frustration führt (Vygotsky 1978; Sliwka & Klopsch 2020, S. 21). Aufgaben, die ein Schüler oder eine Schülerin alleine nicht unbedingt leisten könnte, aber in einem pädagogischen Setting mit der punktuellen Unterstützung durch kompetente Personen leisten kann, liegen in der Zone der nächsten Entwicklung.

Zone der nächsten Entwicklung

Es ist wichtig, dass Lehrkräfte Schüler:innen beraten, sich bei der Wahl der Lernmedien in Phase I, der Wahl der Aufgaben in Phase II und der Wahl des Produkts oder der Performanz in Phase III jeweils an ihrer Zone der nächsten Entwicklung zu orientieren. Die Lernenden wählen dabei Lernmedien, Aufgaben und Produkte des eigenen Lernens so, dass es ihnen gelingt, ihr aktuelles Leistungsniveau zu überschreiten (Sliwka & Klopsch 2022, S 33).

Beratung

Die Lerngrube

Abbildung 35: Lernkrisen lösen (basierend auf Sliwka & Klopsch 2022, S. 120; Nottingham 2017)

Die Lerngrube nach Nottingham (2023) verdeutlicht bildlich die Perspektive der Lernenden beim Beschreiten eines herausfordernden Lernwegs. Bei der Auseinandersetzung mit komplexen Themenfeldern ist Scheitern potenziell möglich und krisenhafte Momente der Verwirrung oder des Nichtweiterwissens sind während des Lernwegs „nicht nur normal, sondern sogar notwendig" (Nottingham 2017; Sliwka & Klopsch 2022, S. 119). Die höchste Wahrscheinlichkeit, dass solche Momente beim Deeper Learning eintreten, besteht in Momenten des Übergangs, wie zu Beginn von Phase II, aber auch während Phase II können die Lernenden in eine Sackgasse geraten. So kann es sein, dass Lernende obwohl sie sicher waren das Themenfeld verstanden zu haben in Phase II feststellen, dass ihr Vertiefungsthema doch vielschichtiger ist als erwartet und „Vorwissen und Fähigkeiten noch nicht ausreichen, um die Herausforderung zu bearbeiten" (Sliwka & Klopsch 2022, S. 119).

Lernweg im herausfordernden Terrain

Eine solche „Lernkrise zu bewältigen, werden die Lernenden zwangsläufig zunächst als schwierig und anstrengend empfinden" (Sliwka & Klopsch 2022, S. 120). Nun gilt es für die Lernenden, einen Ausweg aus der Lernkrise zu finden.

In der Lernzone - Lernkrisen bewältigen

Teil des Lösungswegs

Ermutigung und formatives Feedback unterstützt die Lernenden dabei, „den Willen zur Problemlösung zu entwickeln, Beratung und Hilfe zu suchen, sich neues Wissen oder passendere Fähigkeiten anzueignen, kreative Lösungswege zu suchen und Neues auszuprobieren" (Sliwka & Klopsch 2022, S. 120). So werden die Lernenden aktiv und beginnen damit, ihr Problem zu bewältigen. Auf diesem Weg aus der Lerngrube können natürlich weitere Herausforderungen auftauchen.

Hilfe zur Selbsthilfe für Schüler:innen

„In der Regel stellen die Schüler:innen jedoch fest, dass sie sich bereits auf dem Lösungsweg befinden und sich der Lösung mit jedem Versuch einen weiteren Schritt nähern. Dabei wachsen Zuversicht und Selbstwirksamkeitsüberzeugung, die selbstgestellte Aufgabe erfolgreich zu bearbeiten bzw. das Problem lösen zu können. Am anderen Ende der Grube wartet nicht nur die bewältigte Herausforderung, sondern auch als Erfolgserlebnis ein belohnender Heureka-Moment: ‚Wir haben es geschafft!'" (Sliwka & Klopsch 2022, S. 120).

Stolpersteine beim Deeper Learning bewältigen – Hilfe, ich stecke fest!

Manchmal kommt man sich im Lernprozess vor, als ob man in eine Grube gefallen ist. Diese Lerngrube kommt häufig vor und muss dir keine Angst machen!

Du siehst vor dir vier Stapel mit Karten. Diese Karten sollen dir helfen, einen Weg aus der Lerngrube zu finden, den du allein bewältigen kannst! Auf der Vorderseite der Karte stehen Gedanken, die dir vielleicht gerade durch den Kopf gehen. Wenn du dich mit einem dieser Gedanken identifizieren kannst, stehen auf der Rückseite der Karte mögliche Lösungsvorschläge für dein Problem.

Du kannst anhand der Farben den passenden Stapel für dich finden. Überlege einfach, was für dich zutrifft. Du hast ...

- ... Materialien bzw. Informationen zu finden oder dir fehlt Grundlagenwissen.
- ... mit deiner Gruppe zu kommunizieren.
- ... den Arbeitsauftrag zu verstehen oder Ziele festzulegen.
- ... mit dem Zeitmanagement oder der Selbstorganisation.
- ... und weißt die Ursache nicht.

Als Begleitmaterial zum Workbook stehen Ihnen die Hilfekärtchen zum Download bereit.

Passende Freiräume eröffnen

Inspiration aus Wutöschingen

Ein Anreizsystem zur Förderung von Selbstregulation hat die Alemannenschule in Wutöschingen entwickelt (Helling 2017, S. 167; Zylka & Ruep 2016, S. 5). In diesem „Graduierungssystem" können sich Schüler:innen schrittweise und altersgemäß das Recht erarbeiten, ihr Lernen selbst steuern zu dürfen. Die Leiter der Selbstständigkeit umfasst vier Stufen:

- **Neustarter:in**
- **Starter:in**
- **Durchstarter:in**
- **Lernprofi**

Freiheitsgrade erweitern, Selbstregulation stärken

Mit jeder dieser Stufe gehen unterschiedliche Rechte und Pflichten einher und die Freiheitsgrade für Lernende erweitern sich von Stufe zu Stufe (Helling 2022; Sliwka & Klopsch 2022, S. 102). Diese Freiräume beziehen sich zum Beispiel auf die Zeit-, Raum- und Mediennutzung (Helling 2017). Während sich „Neustartende" stets an ihrem Arbeitsplatz aufhalten müssen, dürfen „Starter:innen" auch an anderen Lernorten im Schulhaus arbeiten oder heruntergeladene Musik hören (Helling 2022, S. 21). „Durchstartenden" dürfen fast alle Lernräume auf dem Schulgelände nutzen oder in der Pause die örtliche Bäckerei besuchen, wohingegen „Lernprofis" nach Rücksprache mit der Lehrkraft sogar an außerschulische Lernorte (z.B. in die Stadtbibliothek) gehen oder von zuhause aus arbeiten dürfen (Helling 2022, S. 38 f.). „Lernprofis" erwerben darüber hinaus das Recht, digitale Hardware während der Lernzeit flexibel zu nutzen oder Pausenzeiten individuell zu planen (Helling 2022). Für die Stufe des „Lernprofis" müssen die Lernenden mindestens 16 Jahre alt sein (Zylka & Ruep 2016, S. 5).

Reversibler Status

Die Stufen sind reversibel und können den Lernenden bei Regelverstößen auch wieder aberkannt werden (Helling 2018; Helling 2022, S. 7). Der jeweilige Status der Schüler:innen ist auf Ausweiskärtchen oder im Lernmanagementsystem vermerkt.

Insgesamt schafft dieses System „transparente Spielregeln und setzt zugleich Anreize, sich als Lernende:r ein hohes Maß an Bewegungs- und Handlungsfreiheit zu erarbeiten" (Sliwka & Klopsch 2022, S. 103).

Rollenkarten

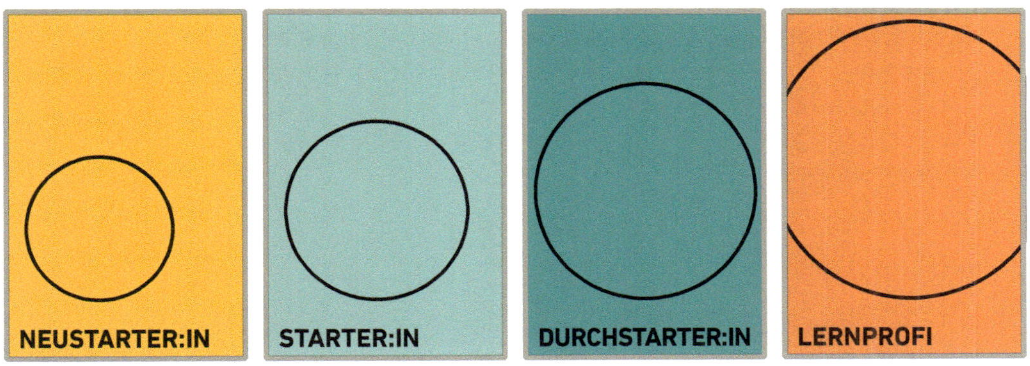

Vergabe von Feedback in Phase II

Tipps für gutes Feedback für Lehrkräfte

Im Verlauf der zweiten Phase benötigen die Lernenden immer wieder Feedback zu ihrem aktuellen Lernstand. Dazu bietet sich eine Feedback-Station im Klassenzimmer an.

Gutes Feedback vergeben
Nachfolgend finden Sie Kriterien, Tipps und Beispiele für gutes Feedback.

Feedback...

... ist regelmäßig.
Vielschichtiges Feedback, das sich auf einen längeren Zeitraum bezieht, überfordert. Geben Sie regelmäßig kleinere Einheiten von Feedback, das gut umgesetzt werden kann.

„Gestern schienst du mir unkonzentriert und überfordert. Kann ich dich unterstützen, damit du heute besser arbeiten kannst?"

„Seit Wochen bist du viel zu oberflächlich und unpräzise. Deine Aufmerksamkeit war oft nicht da und dein Arbeitsergebnis ist schlampig und nicht detailliert genug. Das muss sich schleunigst ändern."

... ist beschreibend.
Feedback sollte sich stets auf Situationen beziehen, die Sie selbst beobachtet bzw. wahrgenommen haben, und diese auch beschreibend wiedergeben.

„Die Präsentation deiner Literaturrecherche hat mir gut gefallen, besonders die Zusammenfassung am Ende war sehr strukturiert und übersichtlich - damit könnt ihr jetzt super in Phase II starten."

„Die andere Gruppe hat gesagt, dass eure Präsentation gut war. Damit könnt ihr wohl weiter machen."

... bezieht sich auf konkrete Situationen.
Feedback kann am besten umgesetzt werden, wenn es sich auf etwas Konkretes bezieht, auf das die Feedbacknehmer:innen unmittelbar Bezug nehmen können.

„Die Recherche im Internet hat bei euch zu sehr wenigen Ergebnissen geführt. Ich denke, ihr solltet euch weniger gegenseitig ablenken und lustige Clips zeigen, sondern 1-2 Schlüsselwörter zu eurem Thema festlegen und gezielt danach suchen."

„Eure Recherche hat mal wieder insgesamt zu nichts geführt, weil ihr nur Quatsch macht. Das muss sich ändern."

... ist individuell.
Feedback bezieht sich auf individuelle Rückmeldungen, die unterschiedliche Perspektiven und Meinungen beinhalten können. Formulieren Sie deshalb aus der Ich- Perspektive.

„Ich hatte das Gefühl, dass eure letzte Deeper Learning-Einheit zu lange gedauert hat und sich deshalb Jana und Felix nicht mehr richtig konzentrieren konnten. Wie seht ihr das, habe ich das richtig wahrgenommen?"

„Man hat richtig gesehen, dass ihr zu lange an einer Sache sitzt und sich deshalb niemand mehr konzentrieren kann."

... ist nützlich und umsetzbar.

Feedback kann keine unmöglichen Dinge vollbringen. Veränderungen brauchen ihre Zeit und sind durch viele kleine Schritte leichter zu vollziehen als durch einen großen Sprung. Dabei ist es wichtig, dass die vorgeschlagenen Aspekte an das Vorwissen bzw. die Fähigkeiten der Feedbacknehmer:innen anschlussfähig sind.

„Ich habe gesehen, dass ihr nach einfachen Erklärvideos zum Thema Klimawandel sucht. Die Logo Seite des ZDF ist eine seriöse Quelle, bei der man viele Informationen ganz einfach aufbereitet anschauen kann."

„Ich habe gesehen, dass ihr anspruchsvolle Zusammenfassungen zum Klimawandel in der Arktis sucht. Da findet ihr bestimmt bei irgendeiner Universität eine Aufzeichnung dazu."

... bezieht sich auf positive und negative Dinge.

Feedback sollte niemals ausschließlich positiv oder negativ sein. Jede:r Einzelne macht Dinge gut und weniger gut. Eine einseitige Rückmeldung kann hier eine verzerrte Wahrnehmung hervorrufen, die das Entwickeln einer realistischen Selbstreflexionsfähigkeit der Lernenden behindert.

„Eure Idee, als authentische Leistung eine Ausstellung im Rathaus zu machen, finde ich toll. Der Brief, den ihr dafür an den Bürgermeister schreiben wollt, müsste allerdings nochmal überarbeitet werden. Ich habe euch markiert, was ich daran gut finde und wo ihr nochmal Dinge verändern solltet. Also schaut mal...."

„Der Brief an die Bürgermeisterin, um nach der Möglichkeit zur Ausstellung zu fragen, ist wirklich schlecht gelungen. So könnt ihr ihn nicht abschicken. Ich zeige euch mal, welche Sätze nochmal neu geschrieben werden müssen. Also schaut mal...."

... berücksichtigt die Wahrnehmung der Feedbacknehmenden.

Feedback kann nur umgesetzt werden, wenn die Feedbacknehmenden dazu bereit sind und dieses auch verstanden haben. Die Wahrnehmung des Feedbacks durch den oder die Feedbacknehmer:in sollte deshalb immer am Schluss des Feedbackgesprächs thematisiert werden.

„Ich habe dir jetzt einige Dinge rückgemeldet. Könntest du nochmal zusammenfassen, ob dir das Feedback geholfen hat und was du daraus mitnimmst?"

„Ich habe dir jetzt ja einige Dinge rückgemeldet. Bitte berücksichtige sie alle, damit deine Arbeit künftig besser wird."

Kurz erklärt: Dialogische Leistungsentwicklung

„Lernende entwickeln ihre authentischen Leistungen im Dialog mit Lehrkräften, die ihnen formatives Feedback geben" (Sliwka & Klopsch 2022, S. 190).

Vergabe von Feedback in Phase II

Tool zur Vorbereitung eines Feedbackgesprächs

Strukturieren Sie Ihr Feedbackgespräch vorab. Was möchten Sie rückmelden? Machen Sie sich Notizen und überprüfen Sie, ob die folgenden Merkmale berücksichtigt werden:

- Das Feedback ist beschreibend.
- Das Feedback ist individuell.
- Das Feedback bezieht sich auf spezifische Situationen.
- Das Feedback ist nützlich und umsetzbar.
- Das Feedback bezieht sich auf positive und negative Dinge.
- Das Feedback berücksichtigt die Wahrnehmung der Feedbacknehmenden.

Feedbackbogen zum Gespräch mit ______________________ Datum ______________

Notizen zum Gespräch:

Feedbackfragen

- Wo stehst du gerade auf dem Weg zur Bewältigung deiner Lernherausforderung?
- Welches Ziel hast du dir gesetzt?
- Wobei hast du Schwierigkeiten?
- Wie sehen die nächsten drei Schritte Richtung Ziel aus?
- Wobei benötigst du Unterstützung?

Ist Ihr Feedback regelmäßig?
Das letzte Gespräch/die letzte Rückmeldung gab ich am ______________.

Reflexionsanlässe für Lernende in Phase I & II

Visuelle Gesprächsanker

Die folgenden Grafiken lassen sich als Gesprächsanker für Reflexions- und Beratungsgespräche nutzen. Die Bilder dienen lediglich als Gesprächsimpuls. Ihre Bedeutung muss nicht genau definiert sein.

Worüber möchtest du heute sprechen? Wähle ein Bild, dass zu deiner aktuellen Situation passt und das Thema zeigt, über das du gerne sprechen möchtest:

Das fordert mich/uns heute heraus...

Das finde ich besonders kompliziert...

In unserem Team ...

Damit ich weiterkomme, benötige ich noch dieses Wissen/Werkzeug im Gepäck ...

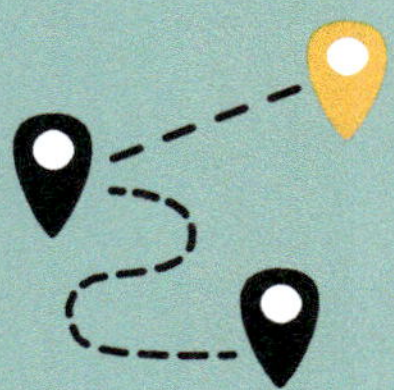

Mein Lernweg ist...

Unser (Zeit-)plan sieht so aus...

Da habe ich etwas Besonderes entdeckt ...

Das war/ist besonders toll für mich...

Diese Nuss habe ich heute geknackt/ möchte ich knacken ...

Hier brauche ich dringend Hilfe/ Unterstützung...

Das fällt mir leicht...

Dabei kann ich anderen helfen...

Da war/bin ich mit ganzem Herzen dabei...

Peer-Feedback in Phase II vergeben

Hinweise für die Lernenden zu Peer-Feedback-Prozessen

Bei längeren Deeper Learning-Einheiten bietet es sich an, die individuellen Lernpfade durch Meilensteine zu strukturieren (Sliwka & Klopsch 2022, S. 31). Ein solcher Meilenstein kann ein Peer- Feedback oder sogar Review-Verfahren sein. Dabei stellen sich die Lernenden gegenseitig ihren Zwischenstand etwa als Projektpitch vor und geben sich dazu gegenseitig Feedback und Hilfestellungen.

Hinweise für Lernende vor einer Peer-Feedback-Runde

Eines der besonderen Merkmale einer Deeper Learning-Einheit ist, dass die Lernenden die Möglichkeit haben, einen Zwischenstand ihrer Arbeit einzureichen, dazu Feedback zu bekommen und selbst die Arbeit ihrer Klassenkamerad:innen zu begutachten.

Das ist eine tolle Lerngelegenheit, denn eine Klasse besteht aus talentierten und sachkundigen Personen, die sich gegenseitig wertvolle Ratschläge geben und auf Lücken in der Arbeit hinweisen können, die innerhalb der Teams vielleicht übersehen werden!

Vereinfachte Prinzipien guten Feedbacks

Gutes Feedback baut auf auf vier Säulen

1. **Konstruktiv**: Ist dein Feeback hilfreich und erklärt es, wie man sich verbessern kann?
2. **Spezifisch**: Weist dein Feedback auf konkrete Aspekte der Arbeit hin?
3. **Begründet**: Bietet dein Feedback Erklärungen und enthält es klare Gründe und Argumente?
4. **Freundlich**: Drückst du dein Feedback angemessen und fair aus?

Was man beim Feedback Geben im Hinterkopf behalten sollte

Wichtig: Freundliches Feedback bedeutet nicht unbedingt positives Feedback! Aber auch auf Arbeiten mit niedriger Qualität kann fair und freundlich reagiert werden.

Peer-Feedback-Prozess
In dieser Lernaktivität wirst du den Entwurf/Zwischenstand deiner Klassenkamerad:innen anhand von Feedback-Fragen begutachten. Dieser Feedback-Prozess ist eine ausgezeichnete Gelegenheit, um zu sehen, wie andere ihre Lernvorhaben gestalten.
Denke beim Begutachten an die vier Säulen eines guten Feedbacks: konstruktiv, spezifisch, begründet, freundlich.

Fragepool

Tipp für Lehrkräfte: Passende Fragen auswählen

1. Passt der Entwurf/Zwischenstand zu den gestellten Anforderungen? Begründe kurz.
2. Wie könnten deine Klassenkamerad:innen ihr Ziel auch erreichen? Schlage, wenn notwendig, einen alternativen Ansatz/eine Idee vor.
3. Wo liegen Stärken des Entwurfs/Zwischenstands? Beschreibe, was bislang gut gelungen ist. Manche Gruppen haben sicher spezifische Fragen, zu denen sie sich Feedback wünschen. Hier ist Platz, um auf diese Fragen einzugehen.
4. Welche Literatur-, Methoden-, Tooltipps etc. kannst du geben, um das Vorhaben zu unterstützen?
5. Wie könnte das Team seinen Entwurf/Zwischenstand weiter verbessern? Formuliere Vorschläge.
6. Diese Frage zu dem vorgestellten Vorhaben bleibt bei mir noch offen:

Lernwege durch Scaffolding begleiten
Beispiel: Wie erstelle ich einen Podcast?

Von der Wahl einer Fragestellung bis zur authentischen Leistung ist der Weg oft weit. Anhand des Formats Podcast wird hier gezeigt, wie ein produktentwicklungsbezogenes Lerngerüst aussehen kann. Es dient den Schüler:innen in der Lerngrube als Orientierungshilfe. Zusätzlich können auch Kanban-Boards, Checklisten oder Meilensteinpläne den Lernweg unterstützen.

Entwickelt von Martin Lentzen – Deutsche Schule Silicon Valley

Arbeitsblatt für Schüler:innen

Wie erstellen wir einen Podcast?
Name:
Thema:
Unterpunkte:

Forschungsphase
Als erstes braucht ihr für einen Podcast ein Thema und müsst Informationen zu diesem sammeln. Welche Quellen hast du bei deiner Recherche genutzt (z.B. Websites, Bücher, Interviews, ...)? Welche Inhalte und Erkenntnisse konntest du diesen entnehmen?

Quelle	**Inhalte/ Erkenntnisse** (in Stichpunkten)

Planungsphase
Viele Podcasts klingen wie freie, spontane Unterhaltungen. Aber lasst euch nicht täuschen – die meisten Podcasts haben ein Skript, dem sie folgen. Das Skript wird festgelegt, nachdem eine erste Recherche erfolgt ist und bevor mit den Aufnahmen begonnen wird. Um den gesprächigen, natürlich klingenden Stil von Podcasts hinzubekommen, braucht ihr also ein richtig gutes Podcast-Skript, dem ihr folgen könnt.
Es gibt vielseitige Wege, wie man die Erstellung eines Podcast-Skripts angehen kann. Bedenkt dabei, dass das Skript nicht Wort für Wort abgelesen werden soll – euer Podcast soll ja wie eine möglichst natürliche Unterhaltung klingen. Es geht vielmehr darum, dass ihr euch mit dem Skript eine Rahmenstruktur schafft, die euch dabei unterstützt, mühelos durch die Inhalte eures Podcasts zu navigieren, ohne ins Stocken zu geraten oder zu sehr abzuschweifen.

Wie kann ein solches Podcast-Skript aussehen? Lasst uns das einmal genauer ansehen. Bevor ihr euch mit den Details des Skripts befasst, solltet ihr die Vogelperspektive auf euren Podcast einnehmen, um sicherzustellen, dass ihr ein stimmiges, zusammengehöriges Produkt entwickelt. Als erstes solltet ihr folgende Fragen beantworten, damit euch bewusst wird, was auf euch zukommt:

- Welche Elemente gibt es, die eurem Podcast einen Widererkennungswert und Konsistenz verleihen?
- Wer ist euer Zielpublikum?
- Was ist die Kernaussage, die ihr vermitteln möchtet?

Anschließend könnt ihr mit der detaillierteren Planung des Verlaufs des Podcasts beginnen. Welcher spannende, einprägsame Einstieg könnte das Interesse der Zuhörenden am Thema wecken? Wie stellt ihr euch als Moderator:innen vor? Welche Punkte werden wann besprochen? Um sich in der Vielzahl an zu beachtenden Punkten nicht zu verlieren, hilft es, eine Vorlage für ein Podcast-Skript auszufüllen. So bekommt euer Podcast eine klare Struktur.

Vorlage für ein Podcast-Skript

1. Eröffnung: Ein kurzer musikalischer Jingle

2. Einleitung (ca. 1 Minute/ 10% der Zeit), z.B.:
- ein kurzer Ausschnitt aus einer originalen Tonaufnahme, von einer Person, die ihr interviewt habt und die zentrale Aspekte eures Podcast-Themas anschneidet
- ein spannende, kurze Geschichte, die euer Thema beispielhaft verdeutlicht („Aufhänger")
- eine als Monolog vorgetragene Einleitung, die euch als Moderatoren sowie eure Gäste und das Thema, über das ihr sprechen werdet, sowie die Aspekte, die ihr genauer beleuchten werdet, kurz vorstellt

  ► Versucht mit der Einleitung, Interesse und Aufmerksamkeit der Zuhörenden zu wecken.

3. Übergang: Musikeinspielung, Soundeffekt, Tonaufnahme, ...

4. Hauptteil (ca. 5 Minuten/50% der Zeit): Redet so über euer Thema, als ob ihr euch ganz natürlich unterhaltet.
► Beschreibt und analysiert wichtige Fakten und Aspekte, die ihr während eurer Recherche herausgefunden habt. Legt die Reihenfolge der Unterpunkte fest. Bezieht euch gegebenenfalls zurück auf die Einleitung oder ein einschlägiges Beispiel.

5. Übergang: Gesprochene Überleitung, Musikeinspielung, Soundeffekt, Tonaufnahme, ...

6. Diskussion (ca. 3 Minuten/30% der Zeit): Redet so über euer Thema, als ob ihr euch ganz natürlich unterhaltet.
► Diskutiert die Bedeutung dessen, was ihr im Hauptteil besprochen habt. Bezieht kritisch Stellung dazu, legt eure Meinung offen und begründet mit Argumenten.

7. Übergang: Musikeinspielung, Soundeffekt, Tonaufnahme, ...

8. Schlussfolgerung und Ausblick (ca. 1 Minute/10% der Zeit):
► Fasst eure Kernaussage zusammen. Betont nochmals, wieso das Thema relevant ist. Gebt einen Ausblick in die mögliche zukünftige Entwicklung des Themas.

9. Abschließende Worte: Verabschiedung, Dank ans Publikum, Ankündigung der nächsten Podcast-Folge, ...

10. Finale: Ein kurzer musikalischer Jingle

Lernprozesse beobachten

Nachdem in Phase I der Deeper Learning-Einheit ein gemeinsames Wissensfundament geschaffen wurde, wenden die Schüler:innen dieses Wissen in Phase II problemlösend an (Ko-Konstruktion) und kreieren in kleinen Teams eine authentische Lernleistung (Ko-Kreation). Die folgenden Beobachtungsbögen helfen Ihnen als Lehrkraft in Phase II dabei, lernrelevante Faktoren genau zu beobachten, damit Sie passgenaue Hilfestellungen (Scaffolding) und fundiertes formatives Feedback anbieten können sowie adaptiv auf identifizierte Lernblockaden, Konflikte, Stolperstellen und Fortschritte eingehen können.

Komplexität der Aufgabe/ Fragestellung	**Nein**	**Eher Nein**	**Eher Ja**	**Ja**
Finden die Lernenden eine geeignete Lernherausforderung für ihr Team (weder zu einfach noch zu komplex, in der vorhandenen Zeit realistisch machbar)?				
Teilen sich die Schüler:innen Arbeitspakete gemäß ihrer Fähigkeiten und Interessen auf?				
Erfordert die Bearbeitung weiterführendes inhaltsspezifisches Wissen oder fachmethodisches Können in Phase II?				
Können die Teams ihr Wissen vernetzen?				
Ist die Frage/Aufgabe/Lernherausforderung ausreichend motivierend für die Beteiligten (z.B. durch Alltagsnähe, kognitive Konflikte, Spielcharakter, ...)?				
Führt die Bearbeitung zu einem tiefgreifenden Verständnis des Themenfelds? (fachliches Lernen)				
Erfordert die Bearbeitung eine der 4K (Kreativität, Kollaboration, Kommunikation, kritisches Denken)? (überfachliches Lernen)				
Erfordert die Lernherausforderung sowohl selbstverantwortliches Arbeiten als auch einen Austausch miteinander?				
Wird das zu erwerbende Wissen und Können von den Schüler:innen auf (für sie) neuartige Weise angewandt?				
Führt die Aufgabe/Fragestellung zu einer authentischen Lernleistung?				

Organisation des Arbeitsprozesses	**Nein**	**Eher Nein**	**Eher Ja**	**Ja**
Haben die Schüler:innen ein klares Ziel und wissen, worauf sie hinarbeiten? (Zielklarheit)				
Strukturieren die Schüler:innen ihre Arbeitsschritte sinnvoll? (Struktur)				
Nutzen die Lernenden Teamrollen mit klaren Verantwortungsbereichen? (Struktur)				
Nutzen die Schüler:innen Tools zur Organisation ihres Arbeitsprozesses, z.B. geteilte Dokumente, Moodle, Protokolle, Scrum-Boards, etc.? (Struktur)				
Teilen die Schüler:innen sich die Zeit überlegt ein? Berücksichtigen sie Deadlines und den verfügbaren Zeitrahmen? (Zeitmanagement)				
Nutzen die Schüler:innen vertrauenswürdige digitale und analoge Quellen, um an relevante Informationen zu gelangen? (Recherchekompetenz)				
Bringen die Lernenden eigene Ideen und Vorschläge ein und setzen diese um? (Voice & Choice/Co-Design)				

Zusammenarbeit im Team	**Nein**	**Eher Nein**	**Eher Ja**	**Ja**
Ergänzen die Schüler:innen sich gegenseitig mit ihren Stärken und Fähigkeiten?				
Gibt es Spannungen oder Konflikte innerhalb des Teams?				
Gehen die Schüler:innen respekt- und vertrauensvoll miteinander um?				
Kommunizieren die Schüler:innen offen miteinander und treffen Absprachen?				
Ist die Beteiligung aller Schüler:innen innerhalb eines Teams ausgewogen?				
Gibt es eine klare und faire Aufgabenverteilung innerhalb des Teams?				
Werden einzelne Schüler:innen ausgeschlossen oder ziehen sich zurück?				

Ko-Kreation einer authentischen Lernleistung	Nein	Eher Nein	Eher Ja	Ja
Arbeiten die Lernenden auf eine authentische Lernleistung hin (Produkt oder Performanz)?				
Passt die Form der authentischen Lernleistung zur Fragestellung und den Lernzielen?				
Verfügen die Lernenden über genügend fachliches und methodisches Wissen dazu, wie sie die Kreation der authentischen Lernleistung angehen sollen?				
Ist die Lernleistung in die Lebenswelt der Schüler:innen eingebettet?				
Kommt der Lernleistung eine reale Bedeutung zu? Wird sie in der Wirklichkeit wirksam?				
Können die Schüler:innen sich im Rahmen ihrer Lernleistung als selbstwirksam und aktiv handelnd erleben?				

4K

21st Century Skills	Nein	Eher Nein	Eher Ja	Ja
Hören die Lernenden sich gegenseitig zu? Wird im Team relevantes Wissen geteilt?				
Gelingt der Austausch im Team? Werden Absprachen eingehalten?				
Arbeiten die Lernenden auf produktive Art und Weise zusammen?				
Können die Schüler:innen bei der Zusammenarbeit im Team ihre Stärken einbringen und Schwächen kompensieren?				
Reflektieren die Lernenden ihre Lösungswege und Quellen kritisch?				
Hinterfragen die Lernende bestehende Annahmen?				
Bringen die Lernenden ihre Ideen in der Arbeitsprozess ein?				
Finden die Lernenden unkonventionelle Lösungen?				
Benötigen die Lernenden Hilfsmittel oder Unterstützung zur Entwicklung der 4K?				

3.6 Phase III designen

Authentische Leistungen

Im Verlauf von Phase II entstehen je nach Position der Schieberegler vielfältige Lernleistungen, anhand derer die Lernenden ihr Wissen und ihre Kompetenzen zeigen. Während Phase III stellen die Lernenden ihren Lernzuwachs unter Beweis, indem sie die authentische Leistung (Produkt oder Performanz) fertigstellen und sie einem Publikum darbieten (Darling-Hammond und Wentworth 2010; Stanford SRN 2008). Abschließend erhalten die Lernenden Rückmeldung zu den im Arbeitsprozess und als -ergebnis erbrachten Leistungen und betrachten ihren Lernweg rückblickend.

Das Design der dritten Phase umfasst:

- ☐ Fertigstellung der authentischen Leistungen begleiten
- ☐ Darbietung der authentischen Leistungen mitorganisieren
- ☐ (Summative) Rückmeldung geben
- ☐ Bei der Rückschau auf den Lernprozess Reflexionsanlässe schaffen

Leitfragen für Designentscheidungen

Phase III - Authentische Lernleistung und begleitende Überprüfung

- Anhand welcher Kriterien können wir Lernerfolge identifizieren?
- Wie schätzen wir die Leistung der Lernenden ein? Wie schätzen sie sich selbst ein?
- Welche Formen der Leistungsrückmeldung passen zur Lernleistung?
- Welche Prozessschritte und Ergebnisse werden bei der Beurteilung der authentischen Leistung berücksichtigt?

Ideensammlung - Authentische Leistungen

MUSIKSTÜCK welches das Themenfeld behandelt und in einem Programmheft in seinen Hintergründen erläutert wird.

AUSSTELLUNG IN SCHULE/GEMEINDE bei der Artefakte (Bilder, Modelle, Figuren) mit kurzen Erklärtext oder Sprachnachricht ausgestellt werden.

EXPERIMENTE selbst vorführen oder andere dabei anleiten, ein Experiment durchzuführen.

PLENUMS-DISKUSSION mit Schüler:innen, außerschulischen Expert:innen, Lehrkräften usw.

ZEITUNGSARTIKEL für die lokale Zeitung oder eine Fachzeitschrift.

MODELLE BAUEN die das jeweilige Phänomen bzw. Themenfeld plastisch darstellen.

(E)BÜCHER die von anderen Lernenden genutzt werden können, um das Themenfeld zu erschließen.

KONFERENZEN PLANEN UND DURCHFÜHREN bei denen Experten, andere Schüler:innen, Lehrkräfte etc. Raum zur Darstellung ihrer Themen erhalten.

POSTKARTE/FLYER/INFOGRAFIK die das Themenfeld pointiert aufarbeiten.

COMIC in dem das Themenfeld (mehr-perspektivisch) erläutert wird.

MEMORY basteln, bei dem Schlüsselbegriffe visualisiert sind oder Textteile zusammengesetzt werden müssen.

GEMEINNÜTZIGES PROJEKT etwa das Erstellen eines Stadtführers, Vorlesetage im Altersheim/Kindergarten, Unterstützung von Wohnungssuchenden, etc.

BLOG/WIKI das (schul-)öffentlich Informationen zusammenfasst.

KARTENSPIEL mit Quizfragen, die unterschiedliche Schwierigkeitsstufen betreffen.

VIDEOCLIP DREHEN bspw. ein Legevideo, ein Erklärvideo oder eine Reportage.

SCHNITZELJAGD bei der an unterschiedlichen Stationen Wissen und Können bewiesen werden müssen, um weiter zu kommen.

THEATERAUFFÜHRUNG/ROLLENSPIEL dessen Hintergründe in einem Programmheft zusätzlich erläutert werden.

PODCAST zu einem Thema aufnehmen.

Reflexion
Sammeln Sie gemeinsam weitere Ideen.
Welche Leistungsformen haben Sie bisher in Ihrem Unterricht ermöglicht?
Welche würden Sie gerne einmal ausprobieren?

Einschätzen der 4K

Mithilfe dieser Aussagen schätzen die Lernenden ein, wo sie hinsichtlich ihrer 4K stehen. Wird der Bogen vor und nach einer DL-Einheit ausgefüllt, stellen die Lernenden womöglich eine Veränderungen fest – ein Anlass zur Selbstreflexion (dieses Tool eignet sich für den EInsatz in der Oberstufe).

Wie sehr treffen diese Aussagen auf dich zu?
1 trifft überhaupt nicht zu - **5** trifft voll zu

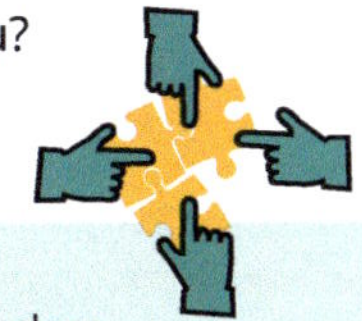

KOOPERATION	1	2	3	4	5
1) Ich verhalte mich respektvoll, freundlich und empathisch gegenüber meinen Teammitgliedern.					
2) Wir teilen uns die Verantwortung im Team gerecht auf und arbeiten an einem gemeinsamen Ziel. Um dieses Ziel zu erreichen, planen wir den Arbeitsprozess schrittweise.					
3) Ich trage aktiv zur Lösung von Problemen/Konflikten bei.					
4) Ich gebe anderen konstruktives Feedback und kann selbst Feedback annehmen und meine Arbeit dadurch verbessern.					
5) Ich halte die Verhaltens- und Entscheidungsregeln im Team ein.					
6) Im Team reflektieren wir über unseren Arbeitsprozess, um diesen zu verbessern und die Stärken jedes Einzelnen bestmöglich zu nutzen.					
7) Ich schätze die Stärken aller Gruppenmitglieder und glaube, wir können voneinander lernen.					

KREATIVITÄT	1	2	3	4	5
1) Ich kann durch Brainstorming und andere Methoden viele originelle Einfälle/Ideen entwickeln.					
2) Ich kann eigene Lösungsansätze für ein Problem entwickeln.					
3) Ich kann Ideen entwickeln, verbessern und in die Tat umsetzen.					
4) Ich kann verschiedene Ideen und Informationen zu Modellen/Mustern verknüpfen, die Zusammenhänge veranschaulichen.					
5) Ich kann innovative Produkte für eine bestimmte Zielgruppe entwerfen.					
6) Ich kann mein Wissen auf andere Themengebiete anwenden und herausfordernde Transferaufgaben lösen.					
7) Ich versuche, Aufgaben einfallsreich anzugehen und neuartige Lösungen zu finden.					

KRITISCHES DENKEN	1	2	3	4	5
1) Ich kann vertrauenswürdige Quellen finden und die Qualität von Informationen kritisch einschätzen.					
2) Ich kann Argumente auf ihre Stichhaltigkeit überprüfen und in einen Gesamtkontext einordnen.					
3) Ich kann mich in verschiedene Perspektiven auf ein Thema hineindenken und diese vergleichen oder hinterfragen.					
4) Ich kann mir eine eigene, begründete und differenzierte Meinung bilden.					
5) Ich kann die Begründung oder Informationen bewerten, die ein Argument unterstützen.					
6) Ich kann selbst Bewertungskriterien für meine Arbeit entwickeln und deren Auswahl begründen.					
7) Ich kann meine Meinung vor anderen verteidigen, bin aber gleichzeitig bereit, diese durch neue Informationen kritisch zu überprüfen und ggf. anzupassen.					

KOMMUNIKATION	1	2	3	4	5
1) Ich kann Informationen/Inhalte verständlich, klar, prägnant und logisch darstellen.					
2) Ich kann Fragen stellen und um Hilfe bitten, wenn ich nicht weiter weiß.					
3) Ich kann aktiv zuhören, um Inhalte, Bedeutungen, Absichten, und Werte aus der Sprache und Körpersprache meines Gegenübers richtig zu entschlüsseln.					
4) Ich kann bei Teambesprechungen konzentriert bei der Sache bleiben.					
5) Ich passe meinen Kommunikationsstil an Zweck und Zuhörende an und gehe auf deren Bedürfnisse ein, sodass sie mir gerne zuhören.					
6) Bei Vorträgen setzte ich Medien und Körpersprache bewusst ein, um meine wichtigsten Inhalte anschaulich zu vermitteln. Auf Fragen bin ich vorbereitet und beantworte sie souverän.					
7) Ich kann mich in unterschiedliche Perspektiven hineinversetzen, andere Sichtweisen anerkennen und diplomatisch vermitteln.					

Deeper Learning-Einheiten beurteilen

Beim Deeper Learning entstehen oft unterschiedliche Lernleistungen, wie etwa Videos oder Podcasts. Dieser Vielfalt gilt es auch beim Beurteilen des Lernergebnis Rechnung zu tragen.

Hier finden Sie eine Kriteriensammlung, mit der Sie eine Checkliste passend zur Lernleistung erstellen können. Die Sammlung enthält viele generische Kriterien, die sich auf fast alle authentischen Leistungen anwenden lassen. Sie können durch produktspezifische Kriterien und Vorschläge von den Lernenden ergänzt werden. Mit der Checkliste ist sowohl eine Fremd- als auch eine Selbsteinschätzung möglich. Es muss vorab geklärt werden, mit wie vielen Punkten die einzelnen Kriterien gewichtet werden. Auf den Folgeseiten finden Sie weitere Ideen für produktspezifische Qualitätskriterien. Zu Bedenken gilt: Beim Deeper Learning fließt auch der Prozess in die Leistungsbeurteilung mit ein.

Einschätzung/Rückmeldung zur authentischen Leistung (1/2)

Person/Team:

KRITERIUM	BESCHREIBUNG	PUNKTE Selbsteinschätzung Schüler:in / Gruppe	PUNKTE Fremdeinschätzung Lehrkraft
LERNPRODUKT			
Ideenentwicklung	Das Lernprodukt… … ist (innovativ und) einfallsreich. … passt zur Thematik. … hat eine hohe Qualität. … ist relevant und authentisch.		
Standards wissenschaftlichen Arbeitens	Ich/wir habe/n… … ein/e klare/s Frage/Anliegen/Zielsetzung entwickelt. … fundiert recherchiert. … gewonnene Erkenntnisse abgewogen und hinterfragt. … vielseitige Quellen genutzt und diese offengelegt.		
Formale Standards	Das Lernprodukt ist… … im vorgegebenen Umfang und Format. … in einem angemessenen Stil. … grammatikalisch korrekt. … in korrekter Rechtschreibung.		
Struktur	Das Lernprodukt… … hat eine nachvollziehbare Gesamtstruktur. … untergliedert die Inhalte in sinnvolle Einheiten. … ist an das Zielpublikum angepasst.		
Roter Faden	Das Lernprodukt hat einen roten Faden (logischer Aufbau, Übergänge, konsequente Gedankenführung).		

KRITERIUM	BESCHREIBUNG	PUNKTE Selbsteinschätzung Schüler:in / Gruppe	PUNKTE Fremdeinschätzung Lehrkraft
LERNPRODUKT			
Inhaltliche Güte	Ich/ wir habe/n die Inhalte… … korrekt und verständlich erklärt. … (kontextualisiert). … reflektiert. … praktisch angewandt. … miteinander verbunden.		
Design	Das Lernprodukt… … passt von der Form her zum Inhalt. … ist für das Zielpublikum angemessen. … ist ansprechend gestaltet. … erprobt Neuartiges.		
Projektmanagement (Lernprozess)	Ich/wir habe/n… … eine klare, gemeinsame Vorstellung von den Zielen des Lernprojektes (Projektdefinition). … das Lernprojekt sinnvoll geplant und in Arbeitsschritte und -bereiche unterteilt (Projektplanung). … das Lernprojekt arbeitsteilig koordiniert und durchgeführt (Projektdurchführung). … den Zeitplan und wichtige Deadlines eingehalten (Zeitplanung). … aktiv Feedback von Peers/ der Lehrkraft eingeholt (Qualitätskontrolle).		

Einschätzung/Rückmeldung zur authentischen Leistung (2/2)

Person/Team:

KRITERIUM	BESCHREIBUNG	PUNKTE Selbsteinschätzung Schüler:in / Gruppe	PUNKTE Fremdeinschätzung Lehrkraft
LERNPRODUKT			
Produktspezifische Kriterien *Manche Lernprodukte (z.B. Videos, Podcasts, Poster, Podiumsdiskussionen, …) weisen spezifische Kriterien auf. Diese hier eingetragen.*			
Eigene Kriterien der Schüler:innen *Dialogische Leistungsentwicklung: Zusätzliche Kriterien, welche die spezifische Qualität eines Lernprodukts ausmachen können von den Lernteams vorgeschlagen werden. Diese hier eintragen.*			

KRITERIUM	BESCHREIBUNG	PUNKTE Selbsteinschätzung Schüler:in / Gruppe	PUNKTE Fremdeinschätzung Lehrkraft
21ST CENTURY SKILLS (LERNPROZESS)			
Kreativität	Ich/ wir… … hatte/n originelle und einfallsreiche Ideen zur Lösung von Problemen. … habe/n meine/unsere Einfälle angemessen analysiert, beurteilt, konkretisiert, miteinander verbunden, ausgestaltet und umgesetzt. … habe/n die Ideen im Arbeitsprozess immer wieder angepasst und verbessert.		
Kritisches Denken	Ich/wir habe/n… … Behauptungen mit Beweisen belegt und Argumente auf ihre Plausibilität hin geprüft. … verschiedene Perspektiven einbezogen und hinterfragt. … mir/uns basierend auf Argumenten, Logik und Kontext ein differenziertes und eigenständiges Urteil gebildet.		
Kooperation	Wir haben… … respektvoll, effektiv und mit geteilter Verantwortung an einem gemeinsamen Ziel gearbeitet. … uns gegenseitig wertgeschätzt, ermutigt und motiviert. … unser Wissen geteilt und durch die Zusammenarbeit Ergebnisse möglich gemacht, die für den Einzelnen nicht machbar gewesen wären. … Konflikte konstruktiv gelöst.		
Kommunikation	Ich habe… … mich verständlich, präzise und klar ausgedrückt. … meinem Gegenüber aktiv zugehört, um dessen Botschaft zu verstehen. … meinen Kommunikationsstil an Ziele und Zuhörende angepasst. … Medien und Körpersprache bewusst zur Veranschaulichung eingesetzt.		

GESAMTPUNKTZAHL

Beispiel: Bewertungsmatrix für einen Podcast

Diese Matrix erklärt spezifische Qualitätserwartungen an einen Podcast und untergliedert sie nach Niveaustufen.

Beispiel für eine Bewertungsmatrix zum Thema Podcasting

Entwickelt von Martin Lentzen – Deutsche Schule Silicon Valley

Name: Thema:

EINLEITUNG	PUNKTE Fremdeinschätzung Lehrkraft
Eingängig und kreativ. Stellt relevante Informationen bereit, macht die Relevanz deutlich und fesselt die Zuhörenden gleich zu Beginn durch eine spannende Geschichte, Fakt, Beispiel, o.Ä. Ein kurzer Überblick hilft den Zuhörenden, das Thema augenblicklich zu erschließen.	
Beschreibt das Thema und weckt im Lauf der Einleitung kreativ das Interesse der Zuhörenden. Die Zuhörenden verstehen, worum es in dem Podcast geht.	
Interesse der Zuhörenden wird einigermaßen geweckt, die Relevanz wird vage deutlich, das Thema ist ansatzweise umrissen.	
Irrelevant oder unangemessen. Interesse der Zuhörenden wird nur minimal oder gar nicht geweckt. Es gibt keine klare Einleitung. Das Thema und die Relevanz bleiben vage und unklar.	

HAUPTTEIL: BESCHREIBUNG, ERKLÄRUNG, ANALYSE	PUNKTE Fremdeinschätzung Lehrkraft
Das Thema wird umfassend beschrieben und wichtige Aspekte werden erklärt. Passende Beispiele und Details werden angebracht (sehr gute Analysefähigkeit). Kernkonzepte und Fachterminologie werden erläutert und in spezifischen Kontexten verwendet. Klare Struktur und roter Faden.	
Das Thema wird akkurat beschrieben und erklärt. Passende Beispiele und Details werden angebracht (gute Analysefähigkeit). Kernkonzepte und Fachterminologie werden korrekt in spezifischen Kontexten verwendet. Klare Struktur und roter Faden.	
Das Thema wird grundlegend beschrieben und erklärt. Einzelne Details und Beispiele verdeutlichen das Thema (basale Analysefähigkeit). Kernkonzepte und Fachterminologie werden gelegentlich aufgegriffen. Nachvollziehbare Struktur und loser roter Faden.	
Das Thema wird vage umrissen und teilweise erklärt. Nicht alle angebrachten Details sind relevant. Beispiele werden nur lose in Bezug zum Thema gesetzt (eingeschränkte Analysefähigkeit). Kernkonzepte und Fachterminologie werden diffus angewendet und bleiben unklar. Mangelnde Struktur und kaum ein roter Faden.	
Das Thema wird grob beschrieben. Details sind irrelevant, falsch oder fehlen und Beispiele werden nicht in Bezug zum Thema gesetzt (mangelnde Analysefähigkeit). Kernkonzepte werden nur teilweise identifiziert und Fachterminologie wird falsch verwendet. Mangelnde Struktur und kein roter Faden.	
Thema verfehlt. Voreingenommene Beschreibung und Erklärung. Lose Ansammlung von irrelevanten Details. Der Bezug von Beispielen zum Thema wird nicht klar (mangelnde Analysefähigkeit). Die wichtigsten Kernkonzepte werden nicht identifiziert. Fachterminologie ist abwesend. Keine Struktur und kein roter Faden.	

DISKUSSION	PUNKTE Fremdeinschätzung Lehrkraft
Genaustens durchdachte Diskussion, die diverse Argumente und multiple Perspektiven berücksichtigt. Tiefgreifende Reflexion der eigenen Perspektive und begründete Urteilsbildung.	
Durchdachte Diskussion, die mehrere Argumente und Perspektiven berücksichtigt. Reflexion der eigenen Perspektive und begründete Urteilsbildung.	
Zufriedenstellende Diskussion, die mehr als ein Argument und mehr als eine Perspektive berücksichtigt. Reflexion der eigenen Perspektive und Begründung der Urteilsbildung nur im Ansatz erkennbar.	
Vage Diskussion mit Argumenten, deren Bezug zueinander nicht klar wird. Einseitige Perspektive. Keine Reflexion der eigenen Perspektive. Unbegründete Urteilsbildung.	
Extrem vage Diskussion. Die Argumente sind kaum relevant. Einseitige Perspektive. Unbegründete oder keine Urteilsbildung.	
Voreingenommene Diskussion. Einseitige Perspektive und Argumentation. Alternative Ansichten werden ignoriert. Argumente sind falsch oder nicht belegt. Voreingenommene Urteilsbildung.	

SCHLUSSFOLGERUNG UND AUSBLICK	PUNKTE Fremdeinschätzung Lehrkraft
Gerechtfertigte Schlussfolgerungen. Kernaussage wird begründet. Annahmen und Gründe werden schlüssig und bündig erklärt. Fundierter Ausblick mit Weitblick.	
Gerechtfertigte Schlussfolgerungen. Kernaussage wird begründet. Wichtigste Annahmen und Gründe werden erklärt. Fundierter Ausblick.	
Nachvollziehbare Schlussfolgerung. Kernaussage wird deutlich. Einzelne Aspekte werden analysiert und/oder interpretiert, während andere nicht berücksichtigt werden. Ein kurzer Ausblick ist vorhanden.	
Als Schlussfolgerung wird eine Kernaussage getroffen. Annahmen und Gründe werden teilweise im Ansatz identifiziert. Schwammiger Ausblick.	
Ungerechtfertigte oder falsche Schlussfolgerungen. Unklare Kernaussage. Relevante Annahmen und Gründe werden nicht identifiziert. Ausblick fehlt oder ist unklar.	
Keine Schlussfolgerungen. Es wird keine Kernaussage getroffen. Kein Ausblick.	

DOKUMENTATION VON ARBEITSPROZESS UND QUELLEN	PUNKTE Fremdeinschätzung Lehrkraft
Sehr guter Überblick über alle genutzten Quellen. Forschungs- und Planungsprozess ist bis ins Detail dokumentiert.	
Guter Überblick über die meisten genutzten Quellen. Forschungs- und Planungsprozess ist gut dokumentiert.	
Überblick über die wichtigsten genutzten Quellen. Forschungs- und Planungsprozess sind im Ansatz dokumentiert.	
Weder die genutzten Quellen noch der Forschungs- und Planungsprozess sind dokumentiert.	

Gesamtpunktzahl: (   )

Beispiel: Bewertungsmatrix für ein Video

Entwickelt vom Team der Hardtschule Durmersheim

Dieser Beurteilungsbogen beschreibt die Qualitästkriterien eines Erklärvideos knapp und bezieht sich neben dem Lernprodukt auch auf den Arbeitsprozess. Er wird durch eine Selbsteinschätzung der Lernenden ergänzt. Beide Bögen bilden die Grundlage eines Rückmeldegesprächs.

Klimawandel

Beurteilungsbogen für: ______________________ **Lerngruppe:** ______________________

Video

	Kriterien	++	+	o	-
Gestaltung	Dein Produkt ist verständlich und Fachsprache wurde richtig angewandt.	1	0,5		0
	Dein Produkt entspricht dem zeitlichen Rahmen.	1	0,5		0
	Du hast auf einen sinnvollen Einsatz der Medien geachtet.	1	0,5		0
	Dein Video ist kreativ gestaltet.	1	0,5		0
Inhalt	Dein Produkt zeigt die wichtigsten Punkte des Themas auf und ist dabei inhaltlich richtig.	7 6	5 4	3 2	1 0
	Dein Produkt weist eine inhaltliche Logik auf, die das Erschließen des Themas vereinfacht.	1	0,5		0
	Du hast verschiedene Seiten des Themas beleuchtet und in ausreichendem Umfang und Tiefe bearbeitet.	7 6	5 4	3 2	1 0

Punkte: ____ / 19

Arbeit in der Kleingruppe

Kriterien	++	+	o	-
So schätzt deine Gruppe deine Arbeit ein.	7 6	5 4	3 2	1 0

Punkte: ____ / 7

Bearbeitung des Einführungsbausteins

Kriterien	++	+	o	-
So schätzt dein Lernbegleiter deine Leistung ein.	5 4	3	2 1	0

Punkte: ____ / 5

Niveaueinschätzung: **Leistung:** **Punkte: ____ / 31**

Projektthema: Klimawandel
Selbsteinschätzung

Name: ______________________________

Sachebene

Was hast du richtig gut gemacht?

Was hättest du besser machen können?

Wie bist du mit dem Ergebnis deiner Arbeit zufrieden? Schätze dich ein und begründe deine Einschätzung!

gar nicht zufrieden	0	1	2	3	4	5	6	7	8	9	10	sehr zufrieden

Begründung:

In diesem Projekt solltest du Informationen aus verschiedenen Medien entnehmen. Wie ist dir das gelungen? Wie bist du dabei vorgegangen? Notiere deine Gedanken!

Hast du gut mitgearbeitet? Hast du mehr oder weniger Einsatz gezeigt als andere? Stelle eine Reihenfolge auf, wer am meisten zum Gelingen der Gruppenarbeit beigetragen hat!

Beziehungsebene

Was war beim Zusammenarbeiten angenehm?

Was hat dich gestört? Wer hätte was besser machen können?

Was hättest du selbst besser machen können?

Unterschrift:

Projektthema: Klimawandel
Selbsteinschätzung der Gruppe

Name der Gruppe: ______________________________

Sachebene

Was hat bei eurer Zusammenarbeit gut geklappt? Listet auf und begründet, was ihr für das nächste Projekt übernehmen wollt.

Was hättet ihr besser machen können? Listet auf und begründet, was ihr im nächsten Projekt anders machen wollt.

Haben alle gleich gut mitgearbeitet? Wer hat mehr Einsatz gezeigt als andere? Bewertet euch gemeinsam. Und so geht es: Für jedes Teammitglied bekommt ihr 5 Punkte. Diese Punkte könnt ihr jetzt in der Gruppe aufteilen. Die Maximalpunktzahl ist 7.

Inhaltsebene

Welche Tipps und Anregungen habt ihr für das Projekt? Hier könnt ihr alle Veränderungsvorschläge nennen.

Unterschrift der Gruppenmitglieder:

Kurzretrospektive - Reflexion mit dem Erkenntnisberg

Dieses Retrospektive-Tool eignet sich zur Rückschau auf wichtige Etappen im Lernprozess (auch in Phase II) oder als Grundlage für ein Abschlussgespräch am Ende der Deeper Learning-Einheit.

Visuelle Rückschau auf den Lernprozess

Erkenntnisberg

Denke an die Einheit, die hinter dir liegt, und fülle die Kästen aus.

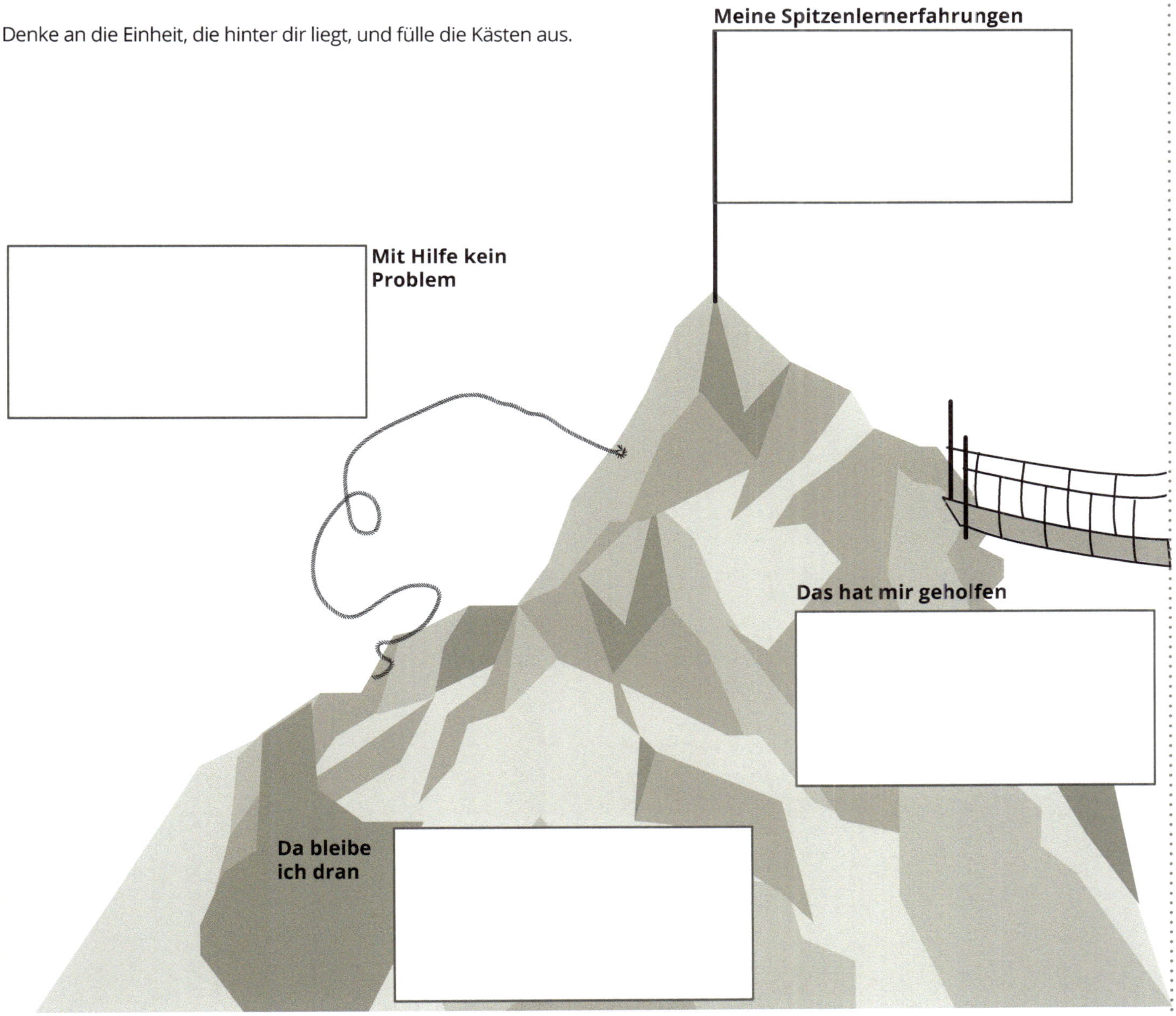

Retrospektive und Reflexion

Reflexionsanlässe schaffen

Am Ende einer Deeper Learning-Einheit lohnt es sich, Reflexionsanlässe für die Lernenden zu schaffen. Dabei werden metakognitive Strategien und gewonnene Erkenntnisse zum Umgang miteinander explizit. Dieses Tool zur Team-Retrospektive (oder Teile davon) eignet sich zur reflektierenden Rückschau auf die Deeper Learning-Einheit.

Ein Blick zurück
Ihr habt es geschafft! Eine ganze Deeper Learning-Einheit liegt hinter euch. Ihr habt euch tiefgreifend mit einem Thema beschäftigt und gemeinsam eine kreative Lernleistung erschaffen. Nun ist es Zeit, eure Arbeit und euren Arbeitsprozess rückblickend zu reflektieren.

Die inhaltliche Arbeit
Hier geht es um eure Fragestellung, euren Lösungsweg und euer Lernprodukt.

1. Brainstorming (5 Minuten): Überlege zunächst für dich allein und halte deine Gedanken in der folgenden Matrix fest.

Darauf bin ich stolz…	**Das hat mich gestört…**
Das würde ich beim nächsten Mal besser machen…	**Das hätte mich noch interessiert…**

2. Diskussion (5 Minuten): Teilt eure Eindrücke in der Gruppe miteinander.

3. Aktionsideen (5 Minuten): Vereinbart gemeinsam 2-3 Aktionsideen, also Punkte, wie ihr beim nächsten Mal eure Fragestellung, euren Lösungsweg oder euer Leistungsprodukt verbessern könnt.

Aktionsideen für die inhaltliche Arbeit beim nächste Mal…

Der Arbeitsprozess

Hier geht es um eure Zusammenarbeit, Kommunikation und Organisation im Team.

1. Brainstorming (5 Minuten): Überlege zunächst für dich allein und halte deine Gedanken in der folgenden Matrix fest.

Weiter so! Das haben wir gut gemacht…	**Halt Stopp! Das sollten wir lieber lassen…**
Wie wär's mit…? Das wünsche ich mir…	**ICH! Daran kann ich persönlich arbeiten…**

2. Diskussion (5 Minuten): Teilt eure Eindrücke in der Gruppe miteinander.

3. Aktionsideen (5 Minuten): Vereinbart gemeinsam 2-3 Aktionsideen, also Punkte, wie ihr euren Arbeitsprozess und die Zusammenarbeit im Team beim nächsten Mal verbessern könnt.

Aktionsideen für die Zusammenarbeit beim nächsten Mal…

Die Deeper Learning-Einheit nähert sich ihrem endgültigen Ende. Nimm dir abschließend 5 Minuten Zeit für dich und fülle die untenstehenden Kästchen aus.

Mein Lernzugewinn

Wenn du noch einmal an die gesamte Deeper Learning-Einheit zurückdenkst, was war für dich persönlich das Wichtigste, das du gelernt hast? Formuliere dies hier in einem klaren Satz. Er kann sich sowohl auf die inhaltliche Arbeit als auch auf den Arbeitsprozess beziehen.

Das Wichtigste, das ich in der Einheit gelernt habe, ist…

Offene Fragen
Hast du im Zusammenhang mit der Deeper Learning-Einheit noch irgendwelche offenen Fragen, auf die du eine Antwort finden möchtest?

Diese Fragen stellen sich mir noch...

Sonst noch was?
Gibt es sonst noch irgendetwas in Bezug auf die Deeper Learning-Einheit, das dich beschäftigt? Dann schreib es hier auf.

Das wollte ich noch loswerden...

Reflexion der Einheit

Was habe ich neu herausgefunden?

Welche Perspektiven habe ich neu dazu gewonnen?

Wie sehe ich das ganze Thema jetzt? Was hat es mit mir und meiner Lebenswelt zu tun?

Warum hatte ich das Thema überhaupt gewählt? Würde ich es wieder wählen?

3.7 Redesign

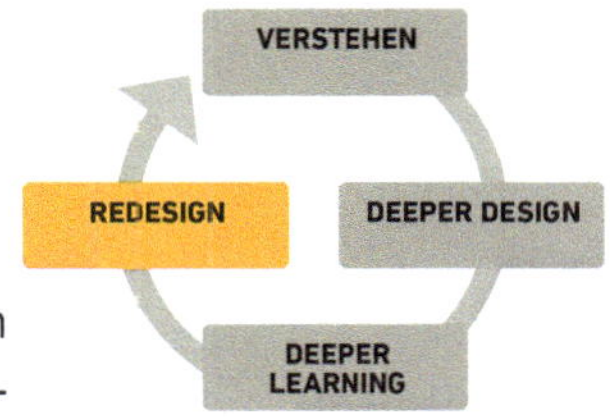

Ist eine Deeper Learning-Einheit abgeschlossen, geht es darum, das Unterrichtsgeschehen reflektierend zu betrachten, dabei gewonnene Erkenntnisse als Veränderungsimpuls zu nutzen und das Unterrichtsdesign zur weiteren Verwendung zu dokumentieren.

Reflexion im Lehrkräfteteam

- Wie beurteilen wir (als Designteam) den Unterrichts- und Lernprozess?
- Gab es unerwartete Situationen?
- Wie bewerten andere (Kolleg:innen, Schüler:innen, ggf. Expert:innen) den Lern- und Arbeitsprozess?
- Was möchten wir wiederholen?
- Haben alle Lernenden das Wissensfundament und darüber hinausführende Lernziele erreicht?
- Welche Teile der designten Einheit haben gut funktioniert und welche können wodurch verbessert werden? Warum?
- Gibt es weitere Fächer/(über-)fachliche Zugänge, die sich bei einer zukünftigen Einheit integrieren lassen?
- Sind uns (oder den Lernenden) im Prozess zusätzliche Ideen gekommen, die sich beim nächsten Mal umsetzen lassen?
- Werfen wir einen Blick auf die „Qualitätscheckliste“: Welches Element der Deeper Learning-Pädagogik möchten wir noch stärker im Unterricht nutzen?

Raum zum Weiterdenken

Dokumentation der Deeper Learning-Einheit zum Wissensmanagement in der Schule

Sie haben viel Arbeit in das Design und die Durchführung der Deeper Learning-Einheit gesteckt und dabei Erfahrungen gesammelt. Halten Sie diese für sich und Ihr Kollegium fest, sodass kein wertvolles Wissen verlorengeht und Sie die Einheit noch viele Male für Ihren Unterricht nutzen können.

Dokumentation der Deeper Learning-Einheit

Themenfeld:

Schwerpunkte im Themenfeld:

Allgemeines
Klassenstufe:

Beteiligte Fächer:

Anzahl der Stunden/Zeit:

Wissensfundament:

Genutzte Medien:

Phase I: Instruktion und Aneignung
- Wie wird das Vorwissen ermittelt? (Wie) werden Interessen mit einbezogen?
- Was ist das Vorwissen der Schüler:innen? Wo stehen sie?
- Wer bekommt wie welche Informationen?
- Wie wird das Wissen gefestigt?
- Wie wird das Wissensfundament überprüft?
- Wie finden sich die Gruppen für Phase II?
- Wie unterstützen die Lehrkräfte die Lernenden beim Finden einer Fragestellung?

Phase II: Ko-Konstruktion und Ko-Kreation
- Diese Fragestellungen wurden von den Schüler:innen gewählt:
- Diese Lernorte wurden genutzt:
- Wie wurden die Lernenden unterstützt?

Phase III: Authentische Leistung
- Diese authentischen Leistungen haben die Schüler:innen erarbeitet:
- So wurde mit den Schüler:innen reflektiert:

Abschließende Reflexion
Diese Impulse ergeben sich aus dem Feedback der Schüler:innen für eine Verbesserung der Deeper Learning-Einheit:

- Das würden wir im Designteam beim nächsten Mal genau gleich machen:
- Das würden wir im Designteam beim nächsten Mal anders machen:
- Im Laufe der Deeper Learning-Einheit sind folgende spannende Ideen/Impulse/Gedanken aufgekommen, die man in der Einheit aufgreifen könnte:

Glossar: Begriffe der Deeper Learning-Pädagogik

(Auszug aus Sliwka & Klopsch 2022, S.190-197)

21st Century Skills
Fähigkeiten, die im 21. Jahrhundert wesentlich sind, um die Lebens- und Arbeitswelt aktiv zu gestalten. Im Bereich des Lernens und Innovierens stehen die 4K – Kommunikation, Kooperation, kritisches Denken und Kreativität – im Vordergrund.

Agency
Überzeugung eines Individuums, mit und in der (Lern-) Umgebung selbstbestimmt und aktiv Lernprozesse zu steuern, über Ziele zu entscheiden und den Lernzuwachs eigenverantwortlich zu kontrollieren.

(Lern-)Coaching
Beratende Unterstützung der Lernenden in der Entwicklung ihrer persönlichen Lernkompetenz oder hinsichtlich eines Lernprozesses. Übergreifende Zielstellung ist, die Handlungsautonomie der Lernenden zu stärken.

Co-Design
Lehrkräfte arbeiten ausgehend von dem Lernstand, den Bedarfen der Lerngruppen und wichtigen Designzielen gemeinsam am Design von Unterricht nach dem Deeper Learning-Phasenmodell.

Cognitive Apprenticeship
Modell zur Unterstützung individueller Lernprozesse, nach dem die Lehrkräfte je nach Bedürfnissen der Lernenden unterschiedliche Facetten zeigen (vormachen, coachen, Lerngerüste bauen (Scaffolding), beobachten und zurückziehen, laut denken, entdecken und reflektieren).

Dialogische Leistungsentwicklung
Lernende entwickeln ihre authentischen Leistungen im Dialog mit Lehrkräften, die ihnen formatives Feedback geben.

Expertise
Begründungswissen, Handlungswissen, Eigenschaften und Fähigkeiten, die eine Person zu einem Experten/einer Expertin auf einem Gebiet machen.

> **adaptive Expertise:** flexibles Lehrer:innenhandeln, das dazu beiträgt, mit unbekannten Lehr-Lernsituationen produktiv umzugehen und Probleme schülerorientiert zu lösen.

Flow
Zustand im Lernprozess, in dem die Lernenden so vertieft arbeiten, dass sie Zeit und Raum um sich herum vergessen.

Hybride Lernumgebung
Die Verbindung der traditionellen Lernumgebung Schule mit Lernanlässen in der digitalen Welt sowie mit außerschulischen Bildungsorten und Expert:innen.

Identität
Als das Selbst erlebte innere Einheit einer Person, die sich in steter hochindividueller Anpassungsleistung von inneren und äußeren Welten bildet.

Instruktions- und Aneignungsphase (I)
Erste Phase einer Deeper-Learning-Einheit, in der das Wissensfundament vermittelt wird, das sich alle Schüler:innen aneignen müssen, um in die nächste Phase übergehen zu können.

Kognitive Aktivierung
Die individuelle intellektuelle Anregung der Lernenden, die von der Passung an das jeweilige Vorwissen und die vorhandenen Fähigkeiten abhängt.

Ko-Konstruktion
Das aktive Zusammenbringen von Sichtweisen, Ideen, Wissen und Fähigkeiten, die zu einem Ganzen verschmolzen werden, um Aufgabenstellungen gemeinsam zu lösen.

Ko-Kreative und Ko-Konstruktive Phase (II)
Zweite Phase einer Deeper-Learning-Einheit, in der die Lernenden eigene authentische (inter-)disziplinäre Fragestellungen in Teams bearbeiten. Neben einer fachlichen Weiterentwicklung wird die Kompetenzentwicklung in den Bereichen Kooperation, Kommunikation, kritisches Denken und Kreativität (4K) angeregt.

Konstruktive Unterstützung
Beschreibt Art und Ausmaß, in welchem Lernende in ihren individuellen Lernprozessen durch die Lehrkraft begleitet und bei Schwierigkeiten unterstützt werden. Ziel ist die Förderung des selbstständigen und verantwortungsbewussten Lernens der Heranwachsenden.

Kooperative Professionalität
Tiefgreifende Form der professionellen Zusammenarbeit, die Schule sowie die darin stattfindenden Lernprozesse aus mehreren Perspektiven berücksichtigt. Sie beruht auf intensivem Dialog, konstruktivem Feedback und der kontinuierlichen gemeinsamen Erforschung effektiver Unterrichtspraktiken.

Kreativität
Fähigkeit, aktiv innerhalb eines Wissensgebietes zu handeln bzw. etwas Neues zu entwickeln.

Leistungseinschätzung (Assessment)
Systematisches Erfassen von Leistungen, die in einem Prozess erbracht wurden und in einem Ergebnis münden.

authentische Leistungseinschätzung. Kompetenzbasierte Leistungseinschätzung, die auf authentischen, d.h. lebensnahen Aufgabenstellungen aus dem Alltags- bzw. Berufsleben beruht. Die Lernenden arbeiten dabei als Expert:innen im jeweiligen Fachgebiet und werden ganzheitlich eingeschätzt

formative Leistungsentwicklung. Leistungsrückmeldung während des Lernprozesses mit dem Ziel, den Lernprozess im weiteren Voranschreiten zu optimieren.

Lernen

design-basiertes L. Die Lernenden entwickeln ein Produkt und wenden dabei die Prinzipien des Designs an.

forschend-erkundendes L. (Inquiry-basiertes L.). Lernformat, bei dem die Lernenden im Rahmen eines Forschungsprozesses Themen und Fragestellungen selbständig erforschen und dabei vertieftes Wissen erlangen. Die Fragestellungen werden von den Lernenden selbständig entwickelt, der Forschungsprozess eigenständig geplant und reflektiert sowie die Ergebnisse präsentiert.

Lernen durch Engagement (Service Learning). Lernformat, das Unterrichtsinhalte mit dem Engagement für das Gemeinwohl und die Zivilgesellschaft verbindet. Es verbindet, etwas für andere zu tun (Service) und sich kognitiv zu entwickeln (Learning). Fachwissen, Fähigkeiten und Kompetenzen werden dabei konkret angewandt und weiterentwickelt.

phänomen-basiertes L. Die Lernenden setzen sich aus unterschiedlichen fachlichen Perspektiven mit einem vielschichtigen Thema (Phänomen) auseinander, um komplexe transdisziplinäre Zusammenhänge zu verstehen und dadurch kritisches Denken zu lernen.

problembasiertes L. Die Lernenden entdecken Wissenszusammenhänge und entwickeln Problemlösungsfähigkeiten, während sie ihr Basis- und Vorwissen mit neu Erlerntem lösungsorientiert verknüpfen. Dabei bauen sie Wissens-, Fähigkeits- und Kompetenzstrukturen auf.

projektbasiertes L. Lernformat, bei dem Lernende Wissen und Fähigkeiten erwerben, indem sie über einen längeren Zeitraum im Rahmen eines Projekts gemeinsam und eigenständig eine komplexe Fragestellung oder ein Phänomen untersuchen. Dabei sollen sie durch aktives Erforschen realer Herausforderungen oder Probleme tiefergreifendes Wissen erlangen.

Personalisierung
Verfolgt das Ziel, innerhalb des Deeper Learning-Phasenmodells die konkreten Lernbedürfnisse und Lernziele, die kulturellen und sprachlichen Hintergründe sowie die Interessen der Lernenden aktiv in der Gestaltung der einzelnen Phasen zu berücksichtigen.

personalisiertes Lernen. Verbindet Lernen mit Interessen, Talenten, Leidenschaften und persönlichen Zielen. Die Lernenden haben Mitspracherecht und Wahlmöglichkeit beim ‚Wie' und ‚Was' des Lernens und Einfluss auf die Zielplanung.

Phase der authentischen Leistung (III)
Dritte Phase in Deeper Learning-Einheiten, in der die Schüler:innen ihre Ergebnisse einem authentischen Publikum vorstellen.

Scaffolding
Bereitstellung von ‚Lerngerüsten', mit deren Hilfe Lernende gezielt an Aufgaben und Lösungswege herangeführt werden. Mit steigender Kompetenz werden die Hilfestellungen sukzessive verringert, bis ganz auf sie verzichtet werden kann.

Selbstkonzept
Wahrnehmung der eigenen Stärken, Schwächen und Fähigkeiten in Bezug auf Lernprozesse.

dynamisches S. (growth mindset). Einstellung, dass alle Fähigkeiten und Kompetenzen weiterentwickelt werden können, wenn man sich im Lernprozess engagiert.

statisches S. (fixed mindset). Einstellung, dass die (Lern-)Begabung, Stärken und Schwächen angeboren sind, weshalb sie trotz Arbeitsengagement nur sehr begrenzt weiterentwickelt werden können.

Tiefgreifendes Fachwissen (Mastery)
Mastery ist Lernziel und Lernprozess zugleich. Es umfasst das substanzielle Wissen über Inhalte, den Transfer dieses Wissens sowie das Verständnis der Struktur eines Feldes oder einer Disziplin.

Voice & Choice
Pädagogisches Prinzip, das Lernenden ermöglicht, altersangemessen am Lernprozess zu partizipieren. Dies bedeutet, dass sie eigene Entscheidungen treffen (Choice), in ihren Meinungsäußerungen ernstgenommen werden und ihren Stärken und Schwächen Ausdruck verleihen (Voice), wodurch sie sich selbstbewusst und eigenständig der eigenen Entwicklung widmen.

Wissen

deklaratives W. Faktenwissen wie fachrelevante Termini und Begriffe, die definiert und wiedergeben werden können.

konzeptuelles W. Vielfach vernetztes domänenspezifisches Begriffswissen, das sich zeigt, wenn Klassifikationen, Prinzipien, Kategorien, Modelle oder Schemata verbalisiert werden.

metakognitives W. Strategisches Handlungswissen, das dazu beiträgt, den eigenen Lernprozess zu steuern sowie Informationsverarbeitungs- und Problemlösestrategien gezielt anwenden zu können.

prozedurales W. Wissen über Prozesse und Vorgehensweisen, das auf konzeptuelles und deklaratives Wissen zurückgreift. Es tritt in routinierten Handlungsweisen auf und kann nicht immer verbalisiert werden.

Wissensfundament

Mindeststandard an Wissen und Kompetenz, der in der Instruktions- und Aneignungsphase vermittelt wird, um in der darauffolgenden Phase kreativ und ko-konstruktiv weiterführende Lernprozesse anstoßen zu können.

Zone der nächsten Entwicklung

Beschreibt das Lernpotenzial einer Person im Bereich Wissen, Kompetenzen und Fähigkeiten, das diese Person gerade noch nicht zeigt, im nächsten Lernschritt aber erreichen kann.

Danksagung

Es war ein großes Abenteuer, dieses Workbook zu verfassen. Wir möchten uns bei allen, die uns auf dieser erlebnis- und ereignisreichen Tour unterstützt haben, herzlich bedanken.

Unser besonderer Dank gilt:

- **unseren Projektpartner:innen** Dr. Gudrun Tegeder, Thomas Schmitt, Dr. Gerd Hanekamp von der Deutschen Telekom Stiftung und dem Geschäftsführer der Stiftung Dr. Ekkehard Winter, die dieses Workbook überhaupt erst ermöglicht haben und mit uns die ersten Schritte bei der Verbreitung von Deeper Learning gegangen sind.

- unserem gegenwärtigen und ehemaligen **Team der Deeper Learning-Initiative**:
  - Carla Runge
  - Lena Kleber
  - Lukas Weber
  - Marie Roth
  - Diana Betz
  - Lara Fritz
  - Lea Deinhardt
  - Theresa Steiner
  - Antonia Deckstein

  für ihre Begeisterung für Deeper Learning, fürs Mitdenken und ihre großartige Unterstützung bei der Erstellung des Manuskripts.

- **Christina Al Khalil** für die Umsetzung unserer Skizzen in wunderschöne Grafiken und Visualisierungen und das Design dieses Workbooks.

- **allen Lehrkräften und Schulleitern aus unseren Schulnetzwerken**, die dieses Workbook dem Praxistest unterzogen haben und uns mit ihrem Blick in die Schulen, ihrem Ideenreichtum und als Critical Friends bereichert haben. Besonderer Dank geht dabei an:
  - Mario Mosbacher und Team (Fürstenberg Gymnasium)
  - Waldemar Schmidt (ITECH) und
  - alle Mitglieder des MINT-Begleitteams

- **allen Lehrkräften**, die ihre Deeper Learning-Unterrichtsdesigns mit uns teilen und dazu bereit waren, **Materialien, Erfahrungen oder Unterrichtsbeispiele zu diesem Workbook** beizutragen. Unser besonderer Dank gilt:
  - Larissa Enderle und Christopher Hornung an der Hardtschule Durmersheim
  - Michael Veeh, Dajana Rajkovic-Hanke und Lars Brodersen am Johannes-Scharrer-Gymnasium in Nürnberg
  - Mario Mosbacher und seinem Deeper Learning Team am Fürstenberg-Gymnasium in Donaueschingen
  - Elenea Kroik vom Städtischen Gymnasium Bergkamen
  - Martin Lentzen von der Deutschen Schule im Silicon Valley (GISSV)
  - Nicole Stockmann und Andrea Borowski vom Gymnasium im Ellental
  - Ulli Weisbrodt, Stafanie Sprintz und ihrem Deeper Learning-Team am Ludwig-Frank-Gym nasium Mannheim
  - Dr. Yvonne Tröster Erhart-Schott-Schule in Schwetzingen
  - Dr. Annegret Lösener vom Kurfürst-Friedrich-Gymnasium in Heidelberg als Mentorin des folgenden Teams: Elisa Adams, Vanessa Bühling, Thea Herde, Eszter Juhasz und Nadine Wolf (ehemalige Student:innen der Universität Heidelberg)
  - Katja Kranich, Gianna Bartl, Katharina Zölsch und Mario Ernst am Stromberg Gymnasium in Vaihingen an der Enz

- **unseren Deeper Learning-Innovationsnetzwerkschulen** für ihr großes Engagement bei der Umsetzung von Deeper Learning und ihrem Mut, Neues auszuprobieren.

  insbesondere den teilnehmenden Lehrkräften und Schulleiter:innen der Schulen des **‚Deeper Learning-Innovationsnetzwerks - Tiefgreifende Lernprozesse im MINT-Unterricht gestalten'**
  - Alemannenschule Wutöschingen
  - Berufliche Schule ITECH Elbinsel Wilhelmsburg
  - Deutsche Schule Prag
  - Elisabeth-Gymnasium Halle
  - Ernst-Reuter-Schule (KGS) Pattensen
  - Fürstenberg-Gymnasium Donaueschingen
  - Getrud-Bäumer-Schule Bonn
  - Gymnasium an der Gartenstraße Mönchengladbach
  - Humboldt-Gymnasium Köln
  - Humboldt-Gymnasium Vaterstetten
  - Jenaplan-Schule Jena
  - Küstengymnasium Neustadt
  - Ratsgymnasium Minden
  - Schule am Limes Osterburken
  - Schule am Tierpark Berlin
  - Waldparkschule Heidelberg

  Zu diesem Schulnetzwerk gehören Schulen aus ganz Deutschland. Das Projekt wird durch die Deutsche Telekom Stiftung ermöglicht.

  insbesondere den teilnehmenden Lehrkräften und Schulleiter:innen der Schulen des **‚Deeper Learning-Innovationsnetzwerks - Deeper Learning an Projektschulen in Baden-Württemberg'**
  - Bischof-Sproll-Bildungszentrum Biberach
  - Elsenztalschule Bammental
  - Erhart-Schott-Schule Schwetzingen
  - Gemeinschaftsschule Neuenstein
  - Gymnasium I im Ellental
  - Gymnasium Rutesheim
  - Hardtschule Durmersheim
  - Ludwig-Frank-Gymnasium Mannheim
  - Seewiesenschule Esslingen
  - Stromberg-Gymnasium Vaihingen an der Enz

  Das Projekt wird durch die Robert Bosch Stiftung ermöglicht.

- **unseren Studierenden** am Institut für Bildungswissenschaft und am Karlsruher Institut für Technologie, die immer die richtigen Fragen stellen, gute Ideen mitbringen und viele Werkzeuge schon erfolgreich erprobt haben.

- **Armin Himmelrath** für die Beratung, redaktionelle Arbeit und die bildungsjournalistische Expertise, die dieses Workbook sprachlich sehr bereichert hat.

Literaturverzeichnis

Abiko, T. (2017). Short Comments on Student Agency. A Japanese View. In: OECD (Hrsg.). Education 2030. Conceptual learning framework: Background papers. Paris: OECD, S. 55–59.

Allen, C. (2016). Teaching & assessing 21st century competencies. A planning, resource and reference workbook in the Deeper Learning Workshop Series. Seattle: PBL Consulting.

Anderson, L. W., Bloom, B.S. & Krathwohl, D. (2001). A taxonomy for learning, teaching, and assessing. A revision of Bloom's taxonomy of educational objectives. New York: Longman.

Applebee, A.N. & Langer, J. A. (1983). Instructional scaffolding: Reading and writing as natural language activities. In: Language Arts, 60 (2), S. 168–175.

Barron, B. (2003). When Smart Groups Fail. In: Journal of the Learning Sciences, 12 (3), S. 307–359.

Beghetto, R.A. & Kaufman, J.C. (2007). Toward a broader conception of creativity: A case for "mini-c" creativity. In: Psychology of Aesthetics, Creativity, and the Arts, 1 (2), S. 73–79.

Beghetto, R.A. & Kaufman, J.C. (2013). Fundamentals of Creativity. In: Educational Leadership: Journal of the Department of Supervision and Curriculum Development, 70 (5), S. 10–15.

Beigel, J., Runge, C. & Sliwka, A. (2021). Deeper Learning. Eine Chance für zeitgemäßes Lernen im Präsenz- und Distanzlernen. In: Schule leiten, 2 (24), S. 4–7.

Berk, L. E. (2011). Entwicklungspsychologie (5. Auflage). New York: Pearson Studium.

Biggs, J. & Collis, K. (1989). Towards a Model of school-based Curriculum Development and Assessment Using the SOLO Taxonomy. In: Australian Journal of Education, 33 (2), S. 151–163.

Black, P. & Wiliam, D. (1998). Inside the Black Box: Raising Standards through Classroom Assessment. In: The Phi Delta Kappan, 80 (2), S. 139–144.

Blaschke, M. & Hase, S. (2021). The pedagogy of Learner Agency. In: Hase, S. & Blaschke, M. (Hrsg.). Unleashing the Power of Learner Agency. EdTech Books. https://edtechbooks.org/up/choice, S. 12–20.

Boller, S., Fabel-Lamla, M., Feindt, A., Kretschmer, W., Schnebel, S. & Wischer, B. (2018). Kooperation. Friedrich-Jahresheft 36. Seelze: Friedrich Verlag.

Bray, B. & McClaskey, K. (2015). Continuum of Choice. More than a Menu of Options. https://kathleenmcclaskey.com/choice/ (Abruf 20.03.23).

Bray, B. & McClaskey, K. (2016). Continuum of Voice. What it Means for the Learner. http://www.personalizelearning.com/2016/01/continuum-of-voice-what-it-means-for.html (Abruf 20.03.2023).

Bray, B. (2018). Opportunities for Choice: The Learning Path to Advocacy and Innovation. https://barbarabray.net/2018/05/08/continuum-of-choice-choosing-the-learning-path-to-find-passion-and-purpose/ (Abruf 20.03.23).

Brägger, G. & Rolff, H.G. (2021). Lernen und unterrichten mit digitalen Medien. In: Brägger, G. & Rolff, H.-G. (Hrsg.). Handbuch Lernen mit digitalen Medien. Weinheim: Beltz, S. 946–972.

Brühwiler, C. (2014). Adaptive Lehrkompetenz und schulisches Lernen. Effekte handlungssteuernder Kognitionen von Lehrpersonen auf Unterrichtsprozesse und Lernergebnisse der Schülerinnen und Schüler. Münster: Waxmann.

Cavagnetto, A.R., Hand, B. & Premo, J. (2020). Supporting student agency in science. In: Theory Into Practice, 59 (2), S. 128–138.

Collins, A., Brown, J. & Newman, S. (1989). Cognitive apprenticeship. Teaching the crafts of reading, writing, and mathematics. In: Glaser, R. & Resnick, L.-B. (Hrsg.). Knowing, learning, and instruction. Essays in honor of Robert Glaser. Hillsdale NJ: Lawrence Erlbaum Associates, S. 453–494.

Cook-Sather, A. (2020). Student voice across contexts: Fostering student agency in today's schools. In: Theory Into Practice, 59 (2), S. 182–191.

Crosslin, M. (2021). Conceptualising and Designing Self-Mapped Learning Pathways courses to encourage Learner Agency and Equity. In: Hase, S. & Blaschke, M. (Hrsg.). Unleashing the Power of Learner Agency. EdTech Books. https://edtechbooks.org/up/smp, S. 67–76.

Csikszentmihalyi, M. (2019). Das Flow-Erlebnis. Jenseits von Angst und Langeweile: Im Tun aufgehen. Stuttgart: Klett-Cotta.

Darling-Hammond, L. & Wentworth, L. (2010). Benchmarking Learning Systems. Student Performance Assessment in International Context. http://www.ncee.org/wp-content/uploads/2010/11/BenchmarkingLearning-SystemHAMMOND.pdf (Abruf 13.12.22).

Deci, E. & Ryan, R. (1993). Die Selbstbestimmungstheorie der Motivation und ihre Bedeutung für die Pädagogik. In: Zeitschrift für Pädagogik, 39 (2), S. 223–238.

Dweck, C. (2016). Mindset: the new psychology of success. New York: Random House.

Francis, D. & Young, D. (2013). Mehr Erfolg im Team: ein Trainingsprogramm mit 46 Übungen zur Verbesserung der Leistungsfähigkeit in Arbeitsgruppen (4. Auflage). Hamburg: Windmühle-Verlag.

Fullan, M., Quinn, J. & McEachen, J. (2018). Deep learning. Engage the world, change the world. Thousand Oaks, California: Corwin.

Hatano, G. & Inagaki, K. (1984). Two courses of expertise. In: Stevenson, H., Azuma, H. & Hakuta, K. (Hrsg.). Children development and education in Japan. New York: Freeman, S. 262–272.

Hattie, J. (2012). Visible learning for teachers. Maximizing impact on learning. London, New York: Routledge.

Hattie, J. (2018). 252 influences and effect size. https://visible-learning.org/hattie-ranking-influences-effect-sizes-learning-achievement/ (Abruf 15.02.2023).

Hargreaves, A. & O'Connor, M. T. (2018). Collaborative Professionalism. When Teaching Together Means Learning for All. New York: Corwin.

Helfferich, C. (2012). Einleitung: Von roten Heringen, Gräben und Brücken. Versuche einer Kartierung von Agency- Konzepten. In: Bethmann, S., Helfferich, C., Hoffmann, H. & Niermann, D. (Hrsg.). Agency: Qualitative Rekonstruktionen und gesellschaftstheoretische Bezüge von Handlungsmächtigkeit. Weinheim: Beltz, S. 9-39.

Helling, V. (2017). Vorlagen für das Graduierungssystem. In: Zylka, J. (Hrsg.). Schule auf dem Weg zur personalisierten Lernumgebung. Modelle neuen Lehrens und Lernens. Weinheim: Beltz, S. 167-175.

Helling, V. (2022). Graduierungskonzept der Alemannenschule Wutöschingen. https://www.alemannenschule-wutoeschingen.de/wp-content/uploads/2022/06/graduierung_full_concept_sj22_23-2.pdf (Abruf 20.03.23).

Hobday, V. (2012). Voice for Choice. In: Jones, P., Whitehurst, T. & Egerton, J. (Hrsg.). Creating Meaningful Inquiry in Inclusive Classrooms: Practitioners' Stories of Research. New York: Routledge, S. 68–83.

Hook, P. (2016). First Steps with SOLO Taxonomie. Applying the model in your classroom. Invercargil, NZ: Essential Resources Educational Publishers Limited.

Hook, P. (2018). How do you design rubrics to accompany the authentic assessment? In: Yong, T. H. (Hrsg.). Designing quality authentic assessments. London: Routledge, S. 52–90.

Heymann, H.W. (2021). Taugen die 4K als Leitidee für Schule. In: Pädagogik, 1 (12), S. 39–42.

Huber, S.G. (2020). Professionelle Lerngemeinschaften, Schulnetzwerke und Bildungslandschaften. In: Bollweg, P., Buchna, J., Coelen T. & Otto, H.-J. (Hrsg.). Handbuch Ganztagsbildung. Wiesbaden: Springer VS, S. 1111–1124.

Jürgens, E. & Lissmann, U. (2015). Pädagogische Diagnostik: Grundlagen und Methoden der Leistungsbeurteilung in der Schule. Pädagogik: Band 27. Weinheim: Beltz.

Katz, I. & Assor, A. (2007). When choice motivates and when it does not. In: Educational Psychology Review, 19 (4), S. 429–442.

Kaufman, J.C. & Beghetto, R.A. (2008). Exploring "mini-c". Creativity across cultures. In: DeHaan, R.L. & Narayan K.M. (Hrsg.). Education for Innovation. Implications for India, China and America. Rotterdam: Sense Publishers, S.165-180.

Klopsch, B. & Sliwka, A. (2021). Kooperative Professionalität erzielen. Implikationen für Deutschland. In: Klopsch, B. & Sliwka, A. (Hrsg.). Kooperative Professionalität. Weinheim: Beltz, S. 148–153.

Kosmoss, R. & Sørensen, N. (2019). Wandel durch Lehrerkooperation? – Welchen Beitrag leisten Lehrerkooperationen für die Schul- und Unterrichtsentwicklung? In: Bikner-Ahsbahs, A. & Peters, M. (Hrsg.). Unterrichtsentwicklung macht Schule. Wiesbaden: Springer Fachmedien, S. 45–63.

Krommer, A. & Wampfler, P. (2021). Distanzlernen, didaktische Schieberegler und zeitgemäßes Lernen. In: Krommer, A., Wampfler, P. & Klee, W. (Hrsg.). Hybrides Lernen. Zur Theorie und Praxis von Präsenz- und Distanzlernen. Weinheim: Beltz, S. 8–16.

Laurillard, D. (2012). Teaching as a design science. Building pedagogical patterns for learning and technology. New York: Routledge.

Leiss, D. & Tropper, N. (2014). Umgang mit Heterogenität im Mathematikunterricht. Adaptives Lehrerhandeln beim Modellieren (Mathematik im Fokus). Berlin: Springer.

Martinez, M. & McGrath, D. (2014). Deeper Learning: How eight innovative public schools are transforming education in the twenty-first century. New York: The New Press.

Mehta, J. & Fine, S. (2015). The why, what, where, and how of deeper learning in American secondary schools. Student at the Center, Deeper Learning Research Series. Boston, MA: Jobs for the Future.

Mehta, J. & Fine, S. (2019). In search of deeper learning. The quest to remake the American high school. Cambridge, Massachusetts: Harvard University Press.

Mitra, D.L. (2009). Student Voice and Student Roles in Education Policy Reform. In: Plank, D., Sykes, G. & Schneider, B. (Hrsg.). AERA Handbook on Education Policy Research. London: Routledge, S. 819–830.

Moses, L., Rylak, D., Reader, T., Hertz, C. & Ogden, M. (2020). Educators' perspectives on supporting student agency. In: Theory Into Practice, 59 (2), S 213–222.

Mötteli, C., Grob, U., Pauli, C., Reusser, K. & Stebler, R. (2022). „Choice and voice" in Schulen mit personalisierten Lernkonzepten aus Sicht der Schülerinnen und Schüler. In: Unterrichtswissenschaft, 50 (1), S. 287–308.

Nurra, C. & Oyserman, D. (2018). From future self to current action. An identity-based motivation perspective. In: Self and Identity, 17 (3), S. 343–364.

Nottingham, J. (2017). The Learning Challenge. How to guide your students through the learning pit to achieve deeper understanding. Thousand Oaks, California: Corwin.

Nottingham, J. (2023). The Learning Pit. https://www.learningpit.org/guide/ (Abruf 07.01.2023).

O'Brien, E. & Reale, J. (2021). Supporting Learner Agency using the pedagogy of Choice. In: Hase S. & Blaschke M. (Hrsg.). Unleashing the Power of Learner Agency. EdTech Books. https://edtechbooks.org/up/choice, S. 77–85.

OECD (2019). TALIS 2018 Results (Volume I). Teachers and School Leaders as Lifelong Learners. Paris: OECD.

OECD (2020). Lernkompass 2030. OECD-Projekt Future of Education and Skills 2030 Rahmenkonzept des Lernens. https://www.oecd.org/education/2030-project/contact/German_Translation_LC_May_2021.pdf (Abruf 27.02.2022).

Parsons, S.A. (2008). Case Studies of Four Teachers. The Openness of the Tasks They Implement, the Adaptations They Make, and the Rationales They Offer for Adapting. Doctoral Thesis, University of North Carolina: Greensboro.

Pfiffner, M., Sterel, S. & Caduff, C. (2022). Kritisches Denken und Problemlösen: Grundkompetenzen für lebenslanges Lernen. 4K kompakt: Band 3. Bern: hep Verlag.

Reigeluth, C.M., Myers D.R. & Lee, D. (2017). The Learner-Centered Paradigm of Education. In: Reigeluth, C. M. (Hrsg.). Instructional-design theories and models (Volume 4). New York: Routledge. S. 5–33.

Reigeluth, C.M. (2021). Merging the Instructional Design Process with Learner-Centered Theory. The Holistic 4D Model. Milton: Taylor & Francis Group.

Ricke, L. & Günther, C. (2021). eduScrum® Worbook. Ein Arbeitsbuch für agiles Lernen und Lehren (2. Auflage). Hopp Foundation (Hrsg.). https://www.hopp-foundation.de/site/assets/files/26446060/eduscrum_workbook_zusatzmaterialien.zip (Abruf 20.03.23).

Richter, D. & Pant, H.A. (2016). Lehrerkooperation in Deutschland. Eine Studie zu kooperativen Arbeitsbeziehungen bei Lehrkräften in der Sekundarstufe I. https://www.telekom-stif-tung.de/sites/default/files/files/media/publications/studie_ lehrerk-ooperation_in_deutschland_1.pdf (Abruf 20.03.23).

Rosa, H. (2021). Resonanz: eine Soziologie der Weltbeziehung (5. Auflage). Berlin: Suhrkamp.

Ryan, R. & Deci, E. (2000). Self-determination theory and the facilitation of intrinsic motivation, social development, and wellbeing. In: American Psychologist, 55 (1), S. 68–78.

Salmela-Aro, K. (2017). Co-agency in the context of the life span model of motivation. In: OECD (Hrsg.). Education 2030. Conceptual learning framework: Background papers. Paris: OECD, S. 17–37.

Schmitt, A. & Simon, E. (2020). Ko-Konstruktion in der Kita-Praxis. Hürth: Carl Link.

Schneider, M. & Stern, E. (2010). The cognitive perspective on learning: Ten cornerstone findings. In: OECD (Hrsg.). The nature of learning: Using research to inspire practice. Paris: OECD, S. 69–90.

Schratz, M., Schwarz, J. F. & Westfall-Greiter, T. (2011). Personale Bildungsprozesse in heterogenen Gruppen. In: Zeitschrift für Bildungsforschung, 1 (1), 25–39.

Shute, V. J. (2008). Focus on Formative Feedback. In: Review of Educational Research, 78 (1), S. 153–189.

Simons, K. & Simons-Zahno, J. (2021). Scrum-Training. Heidelberg: dpunkt.

Sliwka, A. (2018). Pädagogik der Jugendphase. Wie Jugendliche engagiert lernen. Weinheim: Beltz.

Sliwka, A. & Klopsch, B. (2020). Disruptive Innovation! Wie die Pandemie die „Grammatik der Schule" herausfordert und welche Chancen sich jetzt für eine „Schule ohne Wände" in der digitalen Wissensgesellschaft bieten. In: Fickermann, D. & Edelstein, B. (Hrsg.). Schule während und nach der Corona Pandemie. Die Deutsche Schule: Sonderheft 16. Münster: Waxmann, S. 156–169.

Sliwka, A. & Klopsch, B. (2022). Deeper Learning in der Schule. Pädagogik des digitalen Zeitalters. Weinheim: Beltz.

Stanford SRN. (2008). What ist Performance-Based Assessment? https://edpolicy.stanford.edu/sites/default/files/events/materials/2011-06-linked-learning-performance-based-assessment.pdf (Abruf 11.05.2022).

Stebler, R., Pauli, C. & Reusser, K. (2018). Personalisiertes Lernen. Zur Analyse eines Bildungsschlagwortes und erste Ergebnisse aus der perLen-Studie. In: Zeitschrift für Pädagogik, 64 (2), S. 159–178.

Stebler, R., Pauli, C. & Reusser, K. (2021). Personalisiertes Lernen als schulisches Bildungskonzept. In: Brägger, G. & Rolff, H.-G. (Hrsg.). Handbuch Lernen mit digitalen Medien. Weinheim: Beltz, S. 402–430.

Sterel, S., Pfiffner, M. & Caduff, C. (2018). Ausbilden nach 4K: Ein Bildungsschritt in die Zukunft. Bern: hep Verlag.

Sterel, S., Pfiffner, M. & Schrödter, S. (2022). Kreativität und Innovation: Kreative Kapazitäten in Schule und Unterricht nutzen und erweitern. 4K kompakt: Band 2. Bern: hep Verlag.

Sterel, S., Pfiffner, M. & Rossetti, D. (2023). Kommunikation: Wirksam kommunizieren in Schule und Beruf. 4K kompakt: Band 4. Bern: hep Verlag.

Stern, E. (2003). Wissen ist der Schlüssel zum Können. In: Psychologie heute, 30 (7), S. 30–35.

Tan, K., Tan, C. & Chua, J. (2008). Innovation in Education: The 'Teach Less, Learn More' Initiative in Singapore Schools. In: Larkley, J. E. & Maynhard, V. B. (Hrsg.). Innovation in education. New York: Nova Science Publishers, S. 153–171.

Toshalis, E. & Nakkula, M. J. (2012). Motivation, engagement, and student voice. The Students at the Center Series. https://studentsatthecenterhub.org/wp-content/uploads/Motivation-Engagement-Student-Voice-Students-at-the-Center-1.pdf (Abruf 11.05.2022).

Trilling, B. & Fadel, C. (2009). 21st Century Skills: Learning for Life in Our Times. San Francisco: Wiley.

van de Pol, J., Volman, M. & Beishuizen, J. (2010). Scaffolding in Teacher–Student Interaction: A Decade of Research. In: Educational Psychology Review, 22 (3), S. 271–296.

Vaughn, M. (2020). What is student agency and why is it needed now more than ever? In: Theory Into Practice, 59 (2), S. 109–118.

Vaughn, M. (2021). Student Agency in the Classroom. Honoring Student Voice in the Curriculum. New York, London: Teachers College Press.

Vollmer, B. (2020). Kreativität – Handeln in Ungewissheit: Eine Studie zur Relevanz individueller und ko-konstruktiver kreativer Prozesse. Wiesbaden: Springer VS.

Vygotsky, L.S. (1978). Mind in society. The development of higher psychological processes. Cambridge, Massachusetts: Harvard University Press.

Wagner, E.D. (2021). Becoming a Learning Designer. In: McDonald, J.K. & West, R.E. (Hrsg.). Design for Learning. Principles, Processes, and Praxis. EdTech Books. https://edtechbooks.org/id/learning_designer, S. 1–10.

Wolf, H. & Roock, S. (2021). Scrum – verstehen und erfolgreich einsetzen (3. Auflage). Heidelberg: dpunkt.

Yong, T.H. (2018). Designing quality authentic assessments. London: Routledge.

Zitter, I. & Hoeve, A. (2012). Hybrid learning environments: Merging learning and work processes to facilitate knowledge integration and transitions. OECD Education Working Paper 81. Paris: OECD. https://read.oecd-ilibrary.org/education/hybrid-learning-environments_5k97785xwdvf-en#page1 (Abruf 10.04.23)

Zylka, J. & Ruep, M. (2016). Lernprozesse aktiv nachhaltig gestalten: Schulentwicklung an der Alemannenschule Gemeinschaftsschule Wutöschingen. In: Schulpädagogik Heute. Was sind gute Schulen?, 7 (13), S. 1–8.

Abbildungsverzeichnis